PÈRES

PÈRES

TEXTES DE **CHRISTOPHE HARDY**

LÉGENDES DE ISALINE AUBIN, FAUSTINE PRÉVOT, CYRIELLE TOLBA-LE MOIGNE

GEO

PAGES PRÉCÉDENTES :

PAULE SEUX

MAROC

Editions GEO
Direction éditoriale GEO : Jean-Luc Marty

Editions Prisma Presse
Direction : Dominique Fleurmont
Direction éditoriale : Françoise Kerlo
Conception et réalisation: Marilyn Chauvel
Responsable de production :
Alexandre Zimmowitch

Conception graphique : Anne Bodin
Iconographie : Marie-Christine Petit
Correction : Emeline Seignobos
Photograveur : A'Graph (Joinville-le-Pont)

ISBN: 978-2-906221-65-9
Dépôt légal: octobre 2007
Imprimé par KOROTAN en Slovénie

PATRICK FRILET

EGYPTE

JAW
350
اسوان
٥٥

LIU JIN

CHINE

SOMMAIRE

Sarah Ney

FRANCE

Un père et une mère tiennent dans leurs bras leur nouveau-né, endormi. En France, depuis le 1er janvier 2002, les pères peuvent prendre légalement 14 jours de congé de paternité, dans les quatre mois suivant la naissance de leur enfant. Plus de 60 % d'entre eux ont utilisé ce drcit pour épauler leur compagne ou leur femme dans les premiers moments de leur vie de parents : se lever la nuit pour donner à manger ou changer le bébé, bien sûr, mais aussi assurer les tâches domestiques du foyer comme la cuisine, la vaisselle ou le ménage.

NAISSANCE ET RECONNAISSANCES

Longtemps la naissance fut le domaine réservé des femmes. Et nombre de sociétés traditionnelles maintiennent cet usage. L'homme, dans une telle configuration, n'assiste pas à l'accouchement. Près de Bandung, à l'ouest de l'île de Java, quand arrivent les prémices de l'enfantement, le père quitte la maison. Il n'est pas autorisé à voir ce qui va s'y dérouler. Plus encore : il doit s'éloigner pour ne pas entendre les premiers cris du bébé. Un cercle exclusivement féminin, où règne la sage-femme, entoure la mère. Il souhaite la bienvenue à l'enfant lorsqu'il paraît : *selamat datang* !

Cette distance imposée au père s'intègre logiquement à des croyances populaires ou à des récits légendaires, étonnants pour nos esprits rationnels. Ainsi les Trobriandais de Mélanésie considèrent-ils que la mère seule crée l'enfant, son compagnon se contentant d'« ouvrir le passage » pour que l'accouchement puisse avoir lieu. Plus radicaux, les Bellonais des îles Salomon imaginaient – au moins jusqu'à l'arrivée de missionnaires occidentaux à la fin des années 1930 – que la grossesse était non le fruit d'une copulation, mais un don des dieux et des ancêtres protecteurs de la lignée du mari, satisfaits de la bonne alliance entre ce dernier et sa compagne.

男
士
通知
步

Romain Degoul

CHINE

Dans une maternité de Pékin, un futur père regarde une vidéo intitulée « Comment s'occuper de bébé ? ». Il faut dire qu'en Chine la famille est l'unité de base de la société et que l'arrivée d'un enfant y est considérée comme un événement, ce « petit empereur » devant réussir et s'occuper de ses parents lorsqu'ils seront vieux. C'est d'autant plus vrai depuis la mise en place, en 1979, de la politique de l'enfant unique pour faire baisser le taux de croissance démographique du pays. Mais cette loi a eu des effets dramatiques : dans les campagnes, où les pères avaient besoin de bras pour les travaux agricoles, ont eu lieu des avortements et des infanticides de filles ; d'autres chefs de famille ont même décidé de faire des enfants dont ils n'ont pas déclaré la naissance.

GILLES LEIMDORFER

FRANCE

À la maternité de l'hôpital Saint-Vincent-de-Paul, à Paris, un père fatigué, juste après la naissance de son enfant. Aujourd'hui, ils sont près de 70 % à assister à l'accouchement. Installés à côté de la tête de leur femme, ils lui tendent le masque à oxygène ou l'aident dans les exercices de respiration appris en cours de préparation. Ils peuvent couper le cordon ombilical ou donner le premier bain au nouveau-né. Autant de gestes qui marquent la naissance d'un enfant comme celle d'un père. En cas de césarienne sous anesthésie générale, ils sont aussi là pour raconter l'accouchement à leur compagne. Des instants uniques qui signent l'avènement d'une famille.

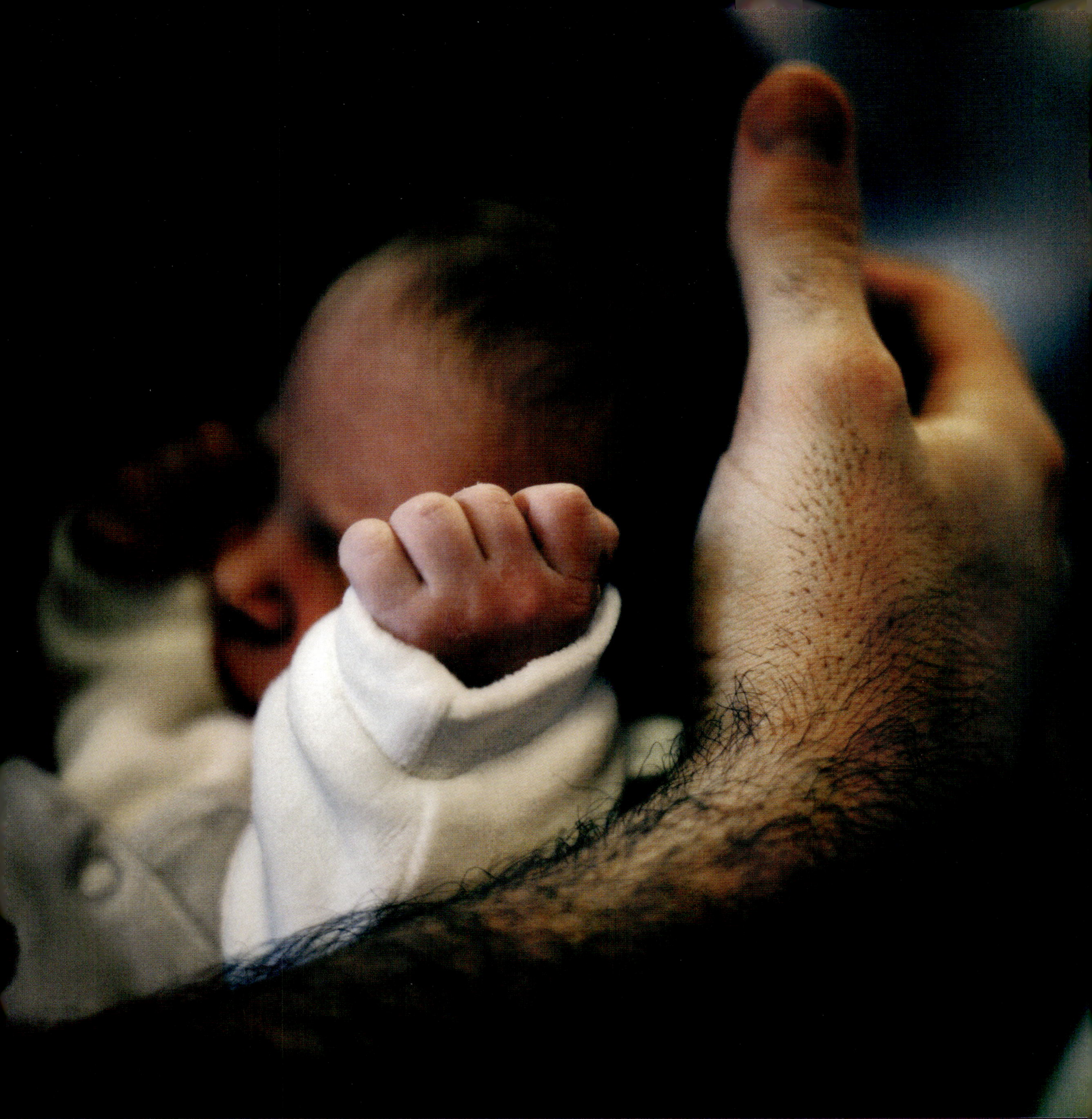

Gilles Leimdorfer

FRANCE

À l'hôpital Saint-Vincent-de-Paul, un père câline son bébé. De cette manière, il peut communiquer avec son enfant dont les moyens sont limités. Le contact de sa peau et sa chaleur sont des stimulations très fortes qui suffisent souvent à en arrêter les pleurs. D'ailleurs, dès le quatrième mois du fœtus, il a pu participer à la grossesse et créer un lien avec lui en effectuant des pressions sur le ventre de sa femme, technique baptisée « haptonomie ». La manipulation douce du nourrisson a été appelée « dialogue tonique » par Julian de Ajuriaguerra. Dans la même perspective, Anna Freud a montré l'importance des apports épidermiques comme stimulants des fonctions vitales.

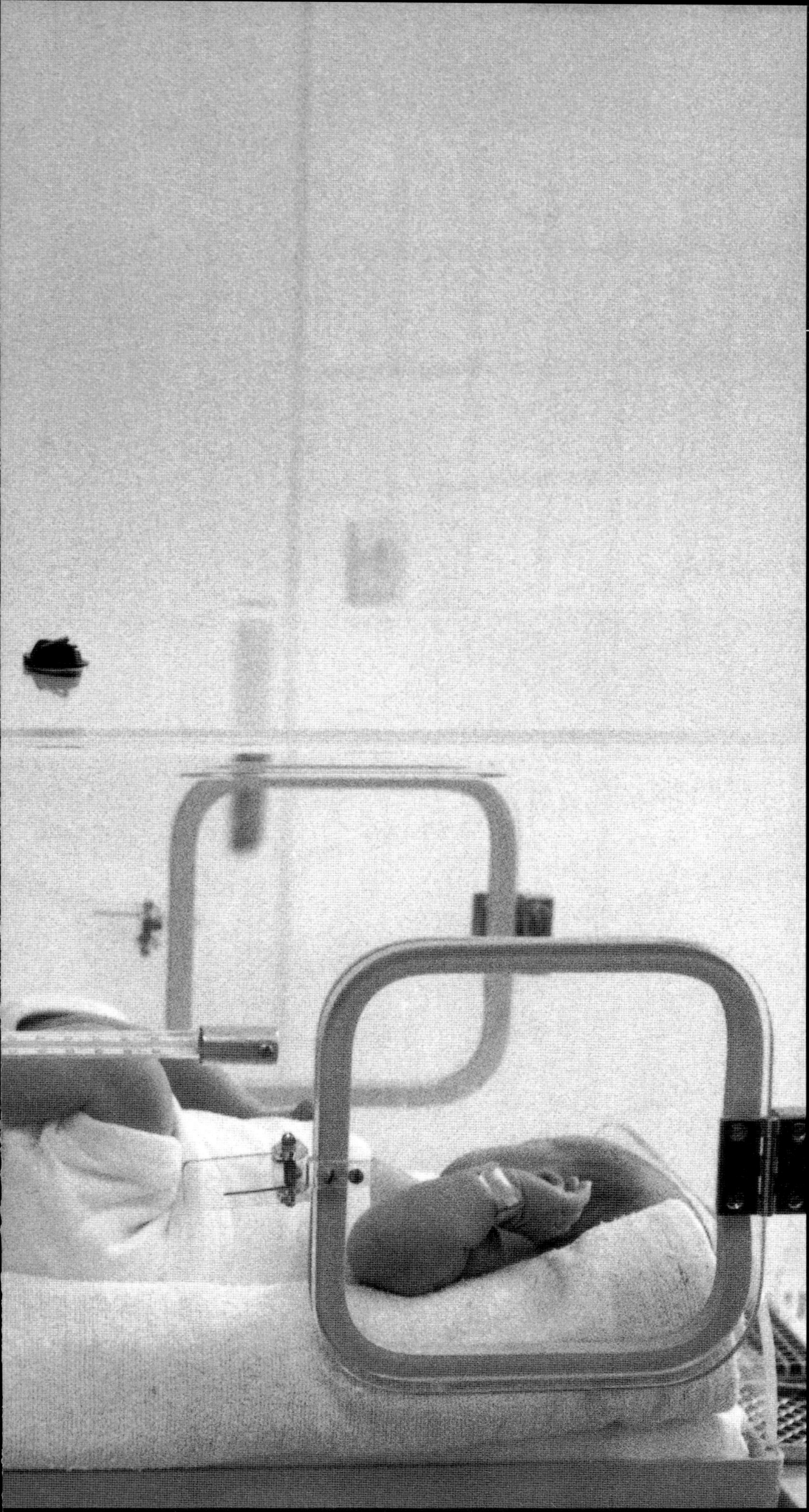

VALÉRIE WINCKLER

FRANCE

À la maternité de l'hôpital de Sèvres, un père regarde fièrement ses jumeaux placés en couveuse. Lors de la naissance de jumeaux, la présence du père est capitale, jour et nuit. En effet, l'accouchement de la mère est plus long et fatigant. Et, comme 65 % de ces bébés sont des prématurés et de poids inférieur à 2,5 kilos, ils sont soumis à des mesures de surveillance et de soins : séjour en couveuse, alimentation par sonde gastrique ou par perfusion... La voix et le contact de la peau du père, notamment par le portage en peau à peau (en « kangourou »), stabilisent leur métabolisme, leur respiration et les aident à prendre du poids.

Birgit Betzelt

PAKISTAN

Au Pakistan, juste après le tremblement de terre d'octobre 2005 qui a fait 70 000 morts, un père et sa femme serrent contre

eux leur bébé né à l'hôpital de Chattar Plain. Dans ce pays, l'arrivée d'un enfant est toujours perçue comme un cadeau, le taux de mortalité infantile étant très élevé (il est de 98 pour 1 000 enfants de moins de 5 ans). Ces décès sont dûs à la malnutrition, aux qualifications limitées du personnel accoucheur et à l'accès inadéquat aux soins obstétriques d'urgence. De plus, 25 % des nourrissons souffrent d'un faible poids de naissance. La reconnaissance d'un père revêt dans ces conditions une dimension particulière, teintée d'espoir et d'inquiétude.

Les pères de nos sociétés urbaines industrialisées sont autrement impliqués. C'est un acquis des dernières décennies que la proximité du conjoint : à lui de participer aux séances de préparation à l'accouchement aux côtés de sa compagne, à lui d'apporter un soutien dans la salle de travail, à lui de couper symboliquement le cordon ombilical, premier de ces gestes « séparateurs » qui favoriseront l'autonomie du nouvel être. On ne l'oblige pas à être là. Il faut qu'il le souhaite, qu'il se sente capable de vivre cet événement. La présence du père moderne sur le lieu de la naissance traduit l'évolution de nos mentalités : aujourd'hui la femme maîtrise sa fécondité, la décision de procréer se fait à deux, elle mobilise conjointement le désir et la volonté des deux partenaires. Être là est une manière d'assumer pleinement sa paternité.

À la différence de la femme, l'homme ne porte pas physiquement l'enfant à naître. Il le porte « dans sa tête ». Ce qui ne manque pas d'éveiller en lui fantasmes, rêveries, souvenirs, espoirs. Les Anglo-Saxons ont donné à cet être singulier le nom d'*expectant father* : « père attendant », l'équivalent masculin de « femme enceinte ». Il n'est pas rare que la prise de conscience se traduise par des phénomènes psychosomatiques (angoisses, phobies) ou physiologiques (prise de poids, en parallèle à l'évolution du ventre de la bien-aimée...). Se reconnaître père est une expérience remuante à bien des égards.

Lorena Ros

ESPAGNE

Une petite fille roumaine est baptisée dans l'église orthodoxe de San Nicolás de Castellón, en Espagne. Pendant cette cérémonie, la figure masculine du parrain joue un rôle central. Lors de l'entrée au temple de l'enfant, à son quarantième jour, c'est lui qui accompagne la mère. L'enfant vivra ainsi une deuxième naissance : par le baptême, il intégra la communauté religieuse qui le reconnaîtra comme un des siens.

La femme joue un rôle décisif dans la métamorphose de son compagnon. Comme le souligne Boris Cyrulnik dans *Sous le signe du lien*, elle a le pouvoir de le désigner comme homme d'attachement : en réagissant à sa voix, à sa présence, elle communique ses émotions au fruit de sa chair, jusqu'au profond de ses entrailles. Et le bébé réagit lui aussi : il change de posture, son cœur bat plus vite, il apprend à se lover dans cette main masculine se posant à l'extérieur, contre la peau maternelle. Il y a donc une double reconnaissance du père : par la mère d'abord et, à travers le corps et la vitalité de celle-ci, par le fœtus dont les sens reçoivent, identifient les messages auditifs ou tactiles que l'homme lui adresse. La naissance est le bel aboutissement de tout ce bouleversement prénatal.

Elle s'accompagne de petits gestes ou rituels pouvant introniser l'homme dans son nouvel état, montrer qu'il se sent prêt à assumer son rôle. Rites de « passage » comme, aux États-Unis, cette pratique contemporaine du *baby shower* : réunion entre amis, juste avant que mère et bébé ne rentrent de la maternité ; le père y est soumis à un examen en forme de bizutage sur ses compétences futures. Par exemple, son aptitude à changer la couche d'un nourrisson est testée sur un petit baigneur en plastique. Gestes d'accueil comme l'usage qui fait, en Italie, qu'un père noue un ruban sur la porte du foyer avant d'accueillir sa nouvelle petite famille. Ruban bleu pour un garçon, rose pour une fille… Ce sont là autant de petits codes qui disent très simplement le désir de s'impliquer dans la situation nouvelle. À travers eux, l'homme réalise qu'il se sent né en tant que père et le fait savoir.

On est loin de cette Antiquité terrible, lorsque le *pater familias* romain par sa seule volonté déterminait ou non sa paternité. La sage-femme déposait à ses pieds le bébé. S'il acceptait de le reconnaître, il le soulevait de terre – se contentant d'un simple « nourrissez-la » dans le cas d'une fille. Sinon, le bébé non reconnu était abandonné, exposé hors de la maison.

PAULE SEUX

INDE

Dans le bassin du Temple d'or à Amritsar, un père sikh donne le bain rituel à son fils. Ce geste, répété chaque matin, permet de purifier le

Jean-Michel Claiot

de leur rattachement à la ville de Djougou. Juste après le sevrage de son jeune enfant, le père fait pratiquer ces incisions sur son visage pour marquer à quelle ethnie il appartient. Certaines dites « abikou » sont destinées à protéger les nourrissons dont les mères ont perdu plusieurs enfants auparavant. Cette tradition béninoise, imprimant la reconnaissance du père jusque dans la peau de son fils, tend à disparaître, en particulier dans les villes.

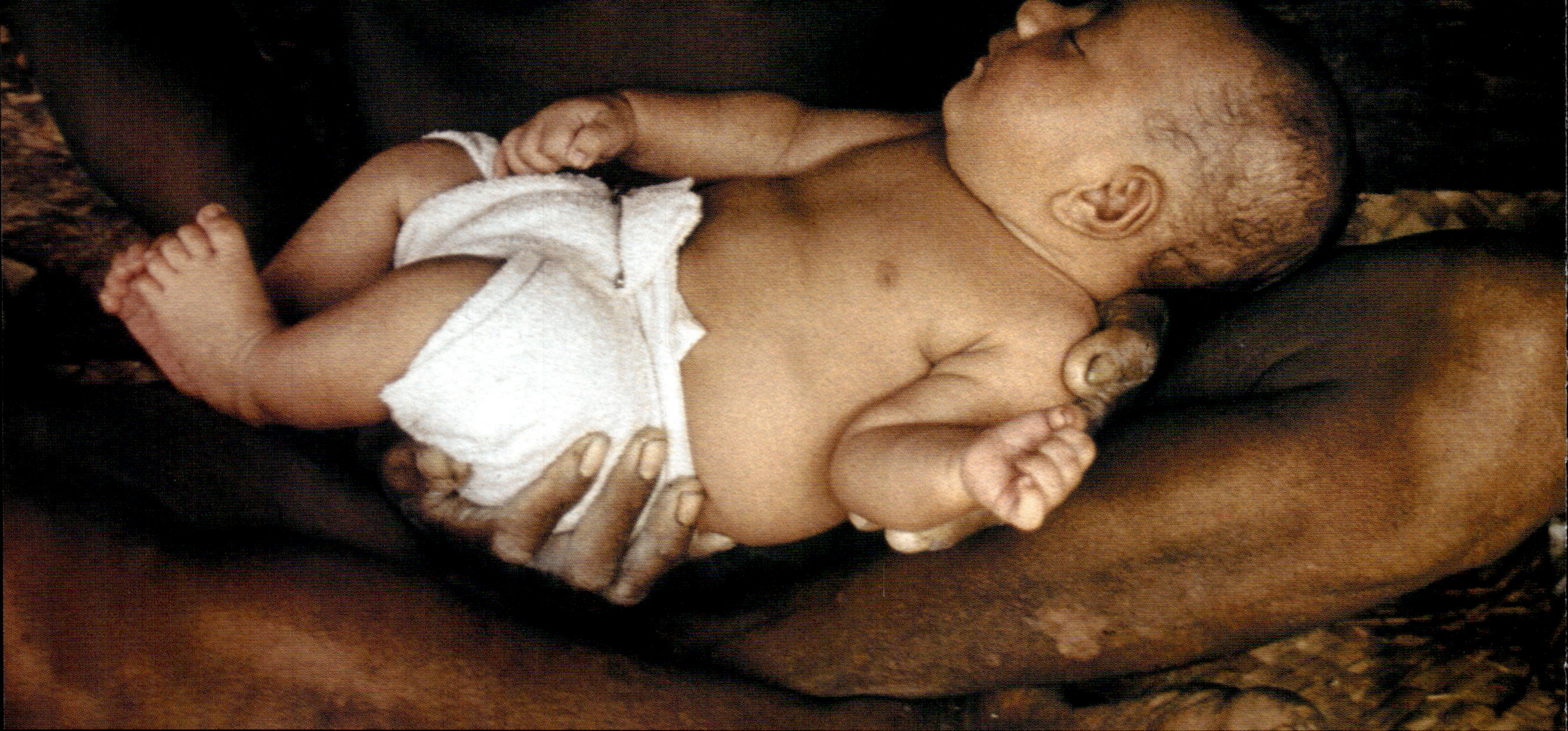

Peter Essick

PAPOUASIE-NOUVELLE-GUINÉE

Dans l'archipel des Trobriands, en Papouasie-Nouvelle-Guinée, un père voit son fils pour la première fois, six semaines après la naissance. La mère est revenue

dans sa demeure après avoir accouché chez l'une de ses sœurs. Chez les Trobriandais, l'enfant, dès ses premiers jours, appartient entièrement au matrilignage de la mère. Le père n'est donc pas considéré comme son géniteur (il est appelé tomakawa, que l'on traduira par : « étranger du dedans ») et cède son autorité à l'oncle maternel. Il ne lui transmet ni ses biens, ni ses traditions. En fait, c'est un « papa poule » qui l'aide à gagner son indépendance : il le console quand il souffre, lui confectionne des bijoux en coquillage pour l'aider à séduire, lui transmet des formules magiques, et lui prête des terres pour faciliter son entrée dans la vie active.

Gilles Coulon

ROUMANIE

En périphérie de la ville de Sfintu Georghe, un foyer tzigane partage un moment de joie. Chez les Tziganes, nombreuses sont les familles composées d'au moins quatre enfants, car ils sont toujours les bienvenus. Cependant, certaines sont plus patriarcales que d'autres, et la naissance d'un garçon y est préférée à celle d'une fille. Si les filles deviennent rapidement les auxiliaires de leur mère, gardant les petits et assurant les tâches ménagères, les garçons accompagnent leur père dès le plus jeune âge et apprennent l'art de la débrouillardise, devenant ferrailleur ou encore négociant. Ainsi, les parents tziganes assument souvent seuls l'éducation de leur progéniture, sans les envoyer à l'école des « gadjé » (non-Tziganes).

PAGES PRÉCÉDENTES :

JORGE UZON

MEXIQUE

Un père apporte des fleurs en offrande au temple de la « Sainte Mort », dans un quartier populaire de Mexico. Ainsi, il demande à cette divinité précolombienne de porter chance à son nouveau-né qu'il tient dans ses bras. Une protection dont celui-ci aura bien besoin tant les enfants ont une vie difficile au Mexique. Leurs parents doivent faire face à une dure situation économique, notamment dans les États du Sud : ils sont 24 millions à connaître la pauvreté absolue. Du coup, les chefs de famille mettent souvent leurs petits au travail dès l'âge de quatre ans, d'abord sur les marchés ou dans les rues avec eux.

Annie Griffiths Belt

JORDANIE

En Jordanie, Khalaf Abu Tayi raconte la vie de son père, Zaal (représenté sur le portait), à son fils et à ses petits-fils. Dans ce pays, la plupart des pères s'occupent très peu de leurs enfants. De leur naissance à l'âge de six ans, les petits restent généralement à la maison, et ce sont leur mère ou leurs frères et sœurs aînés qui prennent soin d'eux. Les pères sont chargés de gagner l'argent de la famille et de faire régner la discipline. Les liens entre les pères et leurs enfants se resserrent après 6 ans, permettant à ces derniers d'acquérir plus de stabilité sur le plan affectif et de se montrer plus éveillés.

par une certaine domination des hommes adultes sur les femmes et les enfants. Dès leur jeune âge, lorsque les soins maternels ne leur sont plus nécessaires, les fils sont soustraits à l'influence jugée néfaste de leur mère, représentante de la « nature » par sa force de procréation, et introduits dans le cercle des hommes, afin de les initier, par une série de rites, à leur « culture » masculine.

MOMENTS DE TENDRESSE

L'image est émouvante : la jument vient de mettre bas, son petit gigote à terre, se hasarde sur ses pattes, retombe. Il lui faudra plus d'un essai pour se hisser, parvenir jusqu'aux mamelles nourricières. Le petit d'homme n'a pas les mêmes ressources. Il naît dans une dépendance et une fragilité extrêmes, ses facultés motrices et perceptives sont très incomplètement développées. Il a besoin qu'un adulte le tienne dans ses bras, le serre contre lui pour le nourrir, le câliner, le calmer, l'endormir.

La proximité, l'attention affectueuse, ont été depuis des millénaires le domaine réservé de la femme. À elle d'assumer l'intégralité des soins : puisqu'elle a porté l'enfant neuf mois, elle saura prolonger cette intimité après l'accouchement, d'abord par le contact physique. Chez les Pygmées Bayaka, le nouveau-né est placé dans une grande bandoulière en raphia ou en écorce, près du cœur maternel dont le rythme régulier a un effet sécurisant. Ce dispositif de portage sur le flanc ou sur le dos, au moyen d'un tissu, d'une sangle ou d'un panier, on le retrouve dans beaucoup de sociétés traditionnelles ; et, pour des questions de force physique, il est parfois partiellement assuré ou relayé par les hommes, comme chez les Pachtouns d'Afghanistan ou les Mia de Chine. Il permet d'emmener partout le bébé au gré des déplacements, des travaux, ou pour dormir et allaiter. Dans l'Europe médiévale, les femmes inventèrent un type de lien plus singulier, où contact et distance alternent. Sous l'impulsion de l'Église, elles adoptèrent l'usage du berceau qui donne au bébé une autonomie, évite le danger d'étouffement dans le lit familial. Mais dès qu'il quittait le berceau, l'enfant, calé dans les bras, installé sur les cuisses, retrouvait la chaleur et l'odeur enveloppantes du corps maternel.

Et le père dans l'histoire ? Longtemps relégué dans les régions froides de la sévérité, il était une figure lointaine. En grandissant, l'enfant finissait par apprivoiser sa présence. Jusque dans la seconde moitié du XXe siècle, les spécialistes admettaient que, n'ayant pas les mêmes facultés que la mère, le père n'était pas enclin à s'intéresser à ce petit bonhomme qu'il avait pourtant conçu, souvent désiré. Comme la plupart des primates mâles, il négligeait sa jeune progéniture… Incapacité à percevoir les signaux lancés par le nouveau-né, indifférence pour qui ne sait pas encore parler, encore moins taper dans un ballon : autant d'idées reçues ancrées sur des habitudes sociales. Le plus frappant est de les repérer aujourd'hui encore dans les guides parentaux. L'homme y est encouragé à trouver sa place auprès du nourrisson, mais il ne s'agit là que d'une option. Sur la question stratégique de la propreté et des couches par exemple, les ouvrages recommandent le tact : mieux vaut que la femme, compréhensive, respecte les réticences ou le refus du papa. Longtemps et souvent, la petite enfance demeura donc royauté maternelle. Le père y faisait figure d'invité.

VÉRONIQUE DURRUTY

INDE

À la tombée du jour, un père promène seul son fils perché sur ses épaules, le long de la plage de Mahâballipuram, dans l'État du Tamil Nadu, en Inde du Sud. Dans ce pays où la naissance d'une fille est vécue comme une calamité, les papas entretiennent un rapport privilégié avec leurs fils. Ce sont eux qui perpétueront leur lignée, subviendront aux besoins de la famille et s'occuperont d'eux pendant leurs vieux jours. Si les mères s'occupent traditionnellement des petits au quotidien, les gestes de tendresse et de protection

D'autres scénarios parentaux ont été expérimentés loin de nous, en particulier dans les sociétés jouant sur deux modalités concurrentes de paternité. Chez les Thonga du Zimbabwe, l'oncle maternel est maternant et tendre : il exprime pour le fils de sa sœur sollicitude, indulgence, et mérite donc son nom de « mère mâle ». Quant au père biologique, il s'interdit toute manifestation d'affection, et l'enfant reconnaît en lui un éducateur inflexible, distant. Les Kiriwiniens de Mélanésie vivent une situation inverse : la fonction affective est prise en charge par le *tama,* père proprement dit mais sans statut de géniteur. Une fois la grossesse avérée, il façonne par de multiples relations sexuelles avec sa compagne le futur nouveau-né, comme un sculpteur peaufinant une création qu'il chérira lorsqu'elle sera aboutie. Ultérieurement, les relations avec l'enfant privilégient les gestes chaleureux, les paroles d'admiration, les cadeaux, tout ce qui valorise la belle singularité de ce petit être que l'homme est persuadé avoir modelé à sa ressemblance. Le *kada,* oncle maternel, incarne lui l'autorité. Figure paternelle toute-puissante, sans ressemblance avec le neveu, il inspire crainte et respect.

STEVE McCURRY

TIBET

L'affection est particulièrement chère aux bouddhistes tibétains. Les gestes de tendresse sont ouvertement prodigués, même, comme ici à Lhassa, entre père et fils. Leur chef spirituel, le XIVe dalaï-lama, Tenzin Gyatso, explique que « lorsqu'un enfant voit quelqu'un se comporter de manière ouverte et affectueuse, quelqu'un qui sourit ou montre une expression d'amour et d'attention, l'enfant se sent naturellement heureux et protégé ». En revanche, « s'il ne reçoit pas l'affection nécessaire, il éprouvera rarement dans sa vie ultérieure de l'amour envers ses parents et, souvent, trouvera difficile d'aimer les autres. » L'affection, apportée en premier lieu par le père et la mère, est donc, pour les bouddhistes, la voie de la compassion, et ainsi celle du bonheur.*

* The Compassionate Life, *Dalaï-Lama, Wisdom Publications, 2003.*

Depuis quelques décennies, un nouvel équilibre familial se met en place dans les sociétés occidentales avec une présence paternelle active, affectueuse dès la naissance, qui tend à placer l'homme à égalité avec sa partenaire. Le partage des tâches et des responsabilités, que l'on désigne par le terme « coparentalité », est devenu un idéal vers lequel tendent désormais les parents des sociétés urbaines développées. Popularisé sous l'expression « papa poule », cet idéal a inscrit dans les esprits la figure toute neuve du père attentif et compétent. Est-ce parce qu'elle est identifiée par beaucoup d'entre nous qu'elle est entrée dans les mœurs ? Le plus important est sans doute le territoire nouveau qui, à travers la figure du papa poule, a été conquis par le père réel. Un territoire plein de surprises. L'homme y affronte des choix décisifs, se familiarise avec toute la gamme des laits et des couches. Il développe sa science des biberons et des bains, portés à la bonne température. Il déploie de fines stratégies pour calmer les pleurs au moment de l'endormissement. Il suit pas à pas l'évolution de son rejeton, santé, maladies, vaccinations, parcours scolaire.

Rajat Ghosh

INDE

Sur le chemin du retour vers son village, dans l'Himachal Pradesh, sur les hauteurs de l'Himalaya indien, ce père tibétain tient tout contre lui son fils, sous une couverture de laine, pour lui apporter un peu de sa chaleur. L'homme attend que se libère l'étroit pont qui enjambe la rivière Pin, seul trait d'union entre son village reculé et le reste du monde, avant de pouvoir, à son tour, le traverser à pied.

PAGES PRÉCÉDENTES :

STEVE MCCURRY

INDE

À la tombée de la nuit, dans la quiétude de leur logis, à Jodhpur, un petit garçon somnole, cramponné au dos de son papa. Le fils montre un très fort attachement à ce père qu'il semble vénérer tel un dieu, se plaisant à le suivre, dans la journée, jusque dans les champs que l'homme cultive pour 1 100 roupies par mois, à la sortie de la ville. Remplissant traditionnellement le rôle de chefs de famille, les pères indiens sont d'ordinaire distants, manifestant rarement leur tendresse à l'égard de leurs enfants, mais se tenant toujours prêts à intervenir en cas de besoin.

JAMES L. STANFIELD

MYANMAR

Dans une rue de Rangoon, le visage barbouillé de thanaka, une poudre d'écorce pilée protégeant du soleil et préservant la beauté de la peau, un bébé se balance dans les plis du longyi de son père, la tunique traditionnelle birmane. Autrefois figure autocratique, surnommé le Ein Oo Nat, « maître de la maison occupant le devant de la demeure », c'est-à-dire la place d'honneur, le père ne portait que peu d'intérêt à ses enfants, comme, du reste, à tout ce qui se passait à l'intérieur du foyer, domaine de son épouse. Aujourd'hui, cette image s'est profondément adoucie, le père s'autorisant une attitude ouvertement affectueuse et indulgente envers ses enfants, tandis que la mère continue de maintenir l'ordre et la discipline. Il n'est pas rare, au Myanmar, de voir un enfant réprimandé par sa mère courir se réfugier dans le longyi de son père...

Thaier Al-Sudani

IRAK

Rare instant de tendresse entre cette petite fille et son père, incarcéré dans une prison militaire irakienne, à Bagdad. Ici, les familles n'ont droit qu'à une visite hebdomadaire, le vendredi. En quelques heures, les pères doivent alors rattraper le temps perdu d'une semaine d'absence, loin de leurs enfants, et tenter de leur offrir - et de recevoir - le peu d'affection auquel ils sont autorisés.

Certains pédiatres et psychologues n'ont pas manqué d'ironiser, de mettre en garde. Ces « nouveaux pères », très présents, seraient des « mamans bis » offrant une version affadie de la maternité de plein exercice. Peut-être même introduiraient-ils une confusion des rôles, néfaste pour l'enfant, dommageable pour l'image masculine. Ils fragiliseraient les bases des fonctions paternelles plus classiques : incarner la loi et l'autorité, favoriser la séparation d'avec la mère, ouvrir l'enfant à la socialisation. Ce danger, réel ou fantasmé, les Arapesh de Nouvelle-Guinée ont su le conjurer. L'anthropologue Margaret Mead, qui les a observés, montre dans son ouvrage *Mœurs et Sexualité en Océanie* comment ils concilient le partage des premiers soins et la préservation de la différenciation sexuelle. Le père arapesh aide spontanément sa femme, il va chercher des « feuilles douces comme de la flanelle pour garnir le petit sac du filet dans lequel on suspend l'enfant quand il ne dort pas ». Il apporte de l'eau dans le creux d'une noix de coco, baigne le bébé. Et surtout il se livre, après la naissance, à un geste rituel fort, qui est une imitation de l'acccouchement : il s'allonge près de sa femme, on dit qu'il est alors « couché en train d'avoir un enfant ». Mais le maternage paternel, s'il est intense, est transitoire. Après avoir partagé symboliquement l'enfantement et pris sa part des premiers soins, l'homme arapesh se soumet à des rites de purification, surtout lorsqu'il est père pour la première fois ; ces rites sont conduits par son « parrain », un homme déjà père. Après cinq jours de stricte réclusion, il est mené vers une mare, au bord de laquelle a été bâtie une hutte de feuillages et d'herbes magiques. Il se purifie la bouche, boit l'eau de la mare où des plantes aromatiques ont infusé, et il lave tout le reste de son corps. Enfin, il entre dans l'eau, saisit un grand anneau blanc appelé « anguille » qu'il remet à son parrain. On considère alors qu'il est initié à son nouveau statut de père et qu'il a réinvesti sa masculinité.

ZEROTONDO

La confusion des genres serait dommageable si elle faisait du père un clone de la mère. Or, quand il materne, l'homme affirme son style. Il a une façon plus tonique de tenir le bébé, une gestuelle, une rythmique particulières. C'est la même chose pour la voix, ses intonations, sa musique. À chacun son tempérament ! Et l'enfant apprend vite à sentir les différences entre ses parents, d'autant plus qu'elles ont tendance à s'accentuer avec le temps. Il semble même capable d'établir une distinction entre deux modes, l'un nourricier et plus « maternel », l'autre ludique et plus « paternel » : le pédiatre américain T. Berry Brazelton raconte le cas merveilleux d'un père à temps plein s'inquiétant que sa petite fille l'appelle « maman » quand il lui donne le biberon, et « papa » quand elle a envie de jouer !

L'engagement précoce du père – des observations l'ont mesuré – arme l'enfant au plan de l'intelligence et du comportement, favorise la capacité d'attention et de concentration, le goût d'apprendre, le sens de l'humour. Il peut être suscité dès l'accouchement : les jeunes pères, remarque Brazelton, mettent beaucoup d'ardeur et de curiosité à repérer les signes envoyés par le nouveau-né, à leur trouver une réponse appropriée.

Barbara Dombrowski

CUBA

Un père s'occupe de son bébé dans une rue de La Havane. À Cuba, un décret entré en vigueur en août 2001 permet aux hommes de bénéficier d'un congé paternité rémunéré de plusieurs mois pendant la première année du bébé, après la période d'allaitement. La mesure n'a cependant pas remporté un franc succès dans ses premières années d'application, avec seulement dix-sept demandes entre 2001 et 2005. Ces maigres résultats s'expliqueraient par un manque d'informations ou de compréhension de la loi, ainsi que par la volonté de toujours laisser aux mères le soin de s'occuper des bébés.

Le « nouveau père », sachant approcher le bébé avec douceur, confiance en soi, inventivité, est l'aboutissement d'une longue évolution. Aujourd'hui assumée sans complexe, la proximité sensible liant le père à son petit n'a pas pu durant de longs siècles se donner libre cours. Au moins en Europe occidentale, elle restait enfermée dans la pudeur des consciences. Un seul exemple, magnifique : Henri de Campion, aristocrate français du XVIIe siècle, militaire chez qui on suppose un tempérament rompu aux rudesses des combats. Inconsolable quand sa petite fille meurt de la rougeole, il confie : « J'avoue que je jouerais le personnage d'une femme si j'importunais le monde de mes plaintes... » Comme lui, il y eut, bien avant notre époque, des pères aimants et émus, d'autant plus proches de leurs enfants que la mort en bas âge était fréquente. Entre eux et les pères modernes, libérés des raideurs du costume de *pater familias*, imperméable à la tendresse et à l'apitoiement, il y a une continuité aussi discrète que forte.

S'impliquer dans l'aventure familiale sur les plans émotionnel et pratique n'est pas seulement un désir des « nouveaux pères », inventeurs d'un modèle qu'ils n'ont pas connu enfants. Cela correspond à une attente des femmes en âge de procréer. Une enquête récente de la Sofres montre qu'elles cherchent deux qualités principales chez leur compagnon : d'abord la tendresse, juste avant la protection. La fermeté figure loin derrière. En plébiscitant le père affectueux et présent, la jeune génération des femmes, les Françaises au moins, semble avoir compris qu'un homme peut jouer sur le registre de la tendresse ordinaire sans perdre sa virilité.

PHILIPPE LAFOND

CAMBODGE

Lorsque les femmes travaillent, la répartition traditionnelle des rôles au sein du foyer est souvent réévaluée, et les pères prennent une part plus active à l'éducation et aux soins apportés aux enfants. Dans cette famille cambodgienne, vivant à deux pas de l'antique cité khmère de Banteay Chmar, l'homme est rentré à la maison après une matinée passée à transporter les sacs de riz de la dernière récolte. Profitant de l'absence de la mère, restée aux champs battre le riz, il s'est attribué une tâche habituellement réservée aux femmes : l'épouillage des enfants. Une manière de se rapprocher de sa fille à son retour de l'école.

PAGES PRÉCÉDENTES :

Mark Henley

MALAISIE

À Kuala Lumpur, à l'aube du festival hindou Thaipusam célébrant la victoire de Murugan, fils de Shiva, sur les forces du mal, une centaine de pèlerins tamouls s'adonne à des ablutions purificatrices. Ce jour béni est souvent choisi par les parents pour raser la tête de leur jeune enfant, généralement entre sa première et sa troisième année. Cette pratique, appelée « chaulam », a pour but de le débarrasser des pollutions accumulées pendant et depuis sa naissance, et de montrer son humilité au dieu, en déposant à ses pieds ses cheveux. Tandis que les toutes premières tonsures du bébé sont traditionnellement exécutées par la mère, celle-ci est idéalement, comme ici, le fait du père. De plus en plus de familles font cependant appel à l'un des barbiers présents pour l'occasion.

Orlando Sierra

GUATEMALA

Un membre de la Mara 18, un gang d'Amérique centrale, embrasse son bébé à la station de police d'Escuintia, à 60 km de la ville de Guatemala. Un très grand nombre d'enfants et d'adolescents qui rejoignent ce gang ont vécu dans un climat de violence familiale, totalement dénué de tendresse paternelle. Familles désintégrées, femme ou enfants battus, inceste... le père, ou beau-père, est bien souvent responsable de ces violences, aggravées par la prise d'alcool ou de drogue. Un schéma parfois difficile à briser pour les générations suivantes.

Alessia Giuliani

ITALIE

« Honore ton père et ta mère, afin que tes jours se prolongent dans le pays que l'Éternel, ton Dieu, te donne. » Tel est le cinquième des dix commandements (décalogue) que semble mettre en pratique ce jeune garçon assistant, à Rome, au Congrès mondial de l'apostolat des laïcs, en novembre 2000. Si les enfants doivent amour et dévouement à leurs parents, l'Église chrétienne appelle également les pères à se montrer affectueux envers leurs fils et leurs filles, mais aussi envers leur épouse, de manière à créer autour d'eux un climat aimant et harmonieux, leur enseignant « la beauté de l'amour fidèle et durable ». Spirituelle ou temporelle, la tendresse mutuelle est avant tout une promesse.*

** Discours du pape Benoît XVI à Valence (Espagne), à l'occasion de la Ve rencontre mondiale des familles, le 8 juillet 2006.*

Yuri Cortez

Salvador

Cérémonie d'adieu dans le camp militaire de Comalapa, à 50 km au sud de San Salvador. Une petite fille profite d'un dernier moment de tendresse avant le départ de son père, membre du bataillon Cuscatan : celui-ci s'apprête à rejoindre l'Irak en remplacement du premier contingent militaire, engagé dans des missions humanitaires à travers le pays. Cette scène revêt un caractère particulièrement émouvant. Peut-être est-ce la dernière fois que ce père serre son enfant dans ses bras.

Sean Sprague

PHILIPPINES

Dans le nord de l'île de Luçon, aux Philippines, un père de l'ethnie Aeta lave son fils à la pompe à eau du village. Premiers habitants supposés des Philippines, avant l'arrivée des Austronésiens, les Aeta étaient à l'origine un peuple de chasseurs-cueilleurs nomades. La mère s'occupait traditionnellement des bébés, tandis que le père partait chasser avec ses fils. Mais beaucoup ont été contraints, par le gouvernement et la déforestation, à se sédentariser, et ont développé une activité de fermiers. En abandonnant leur mode de vie primitif, ils ont cependant conservé ces liens familiaux très forts qui unissent la mère, le père et leurs enfants. Les femmes travaillant désormais autant que les hommes dans les champs, les rôles ont évolué, et les pères s'occupent davantage des petits.

S.K.

Pascal Deloche

FRANCE

Dans la communauté sikhe de Bobigny, en Seine-Saint-Denis, un père et son jeune fils arborent fièrement le turban. À l'instar de son père, le petit garçon couvre ses « cheveux jamais coupés » (« Kesh »). C'est lors de la cérémonie « Dastarbandi » qu'il a mis ce voile pour la première fois. Il respecte ainsi l'une des règles importantes du sikhisme, religion monothéiste née au XV*e siècle dans le Pendjab (région à cheval entre l'Inde et le Pakistan) qui est une tentative de syncrétisme entre l'islam et l'hindouisme. Héritier de la foi paternelle, il l'est aussi de sa place dans le foyer : après la mort du chef de famille, le fils aîné prend sa suite, recevant un turban qui lui confère symboliquement cette dignité. C'est pour cette double raison qu'en France de nombreux pères ont préféré retirer leurs enfants de l'enseignement public, lors de la rentrée 2004 où a été appliquée la loi sur la laïcité, plutôt que de les voir se découvrir.*

IDENTIFICATION AU PÈRE

Aujourd'hui, s'il est présent à la maternité et dans la salle de travail, le père occidental est volontiers invité à couper lui-même le cordon ombilical du bébé qui vient de sortir du ventre maternel. Dans beaucoup de sociétés traditionnelles, c'est le placenta, dans lequel le fœtus a vécu et grandi pendant neuf mois, que le père est chargé de faire disparaître, soit en le mangeant comme chez les Yakoutes, soit en l'enterrant à l'endroit où l'accouchement a eu lieu. C'est ce qui se passe à Java : le placenta représente une sorte de double « naturel », organique, de l'enfant par opposition à sa personne sociale ; en l'enfouissant, le père renvoie cette matrice à la terre pour mieux ouvrir les portes de la société humaine au nouveau-né. Par-delà leur singularité, tous ces gestes masculins répandus à travers le monde disent quelque chose sur l'importance du père dans la construction de l'enfant : il est l'adulte qui prend acte de la séparation entre le corps du bébé et le corps maternel l'ayant contenu, et il inscrit cela concrètement dans le temps et dans l'espace ; il est ainsi celui qui ouvre le nouvel être à la socialisation.

Les acquis modernes de la psychanalyse ont établi que, parallèlement à la croissance physique, le développement psychique s'élabore à travers un processus universel : l'identification. L'enfant se modèle tour à tour sur l'un et l'autre de ses deux parents, qui forment son entourage immédiat, enveloppant, sécurisant. Cette façon de se régler sur l'adulte, comme un instrument qui s'accorde, est comparable à un phénomène de « décalcomanie ». L'enfant s'imprègne du langage, des habitudes mentales, des formes de pensée de ceux qui l'aiment, l'approchent et le prennent en charge, père autant que mère. Il digère cela, l'assimile à son propre psychisme, qui se structure, s'enrichit. Il se saisit de toutes ces données immatérielles, exactement comme il s'empare du sein maternel pour se nourrir. Ainsi, peu à peu, son identité se construit.

Dans le cadre général de ce processus, l'identification au père dès le début de la vie révèle la force de son pouvoir séparateur. Le psychanalyste français Didier Dumas, qui a placé la question du père au centre de sa réflexion, insiste sur le fait qu'à la naissance le nouveau-né est incapable de se percevoir distinct de sa mère. S'il y parvient, c'est parce qu'il a la possibilité de s'identifier à quelqu'un d'autre qu'elle. L'identification au père est donc déterminante : elle autorise l'enfant à s'identifier à tous les autres êtres, frères et sœurs, amis, maîtres... qu'il croisera dans sa vie et chez lesquels il puisera des aliments spirituels indispensables à son évolution. Elle rompt la symbiose avec la mère et ouvre au monde. Elle permet d'être un (individuation) et multiple (capacité de s'identifier aux autres humains).

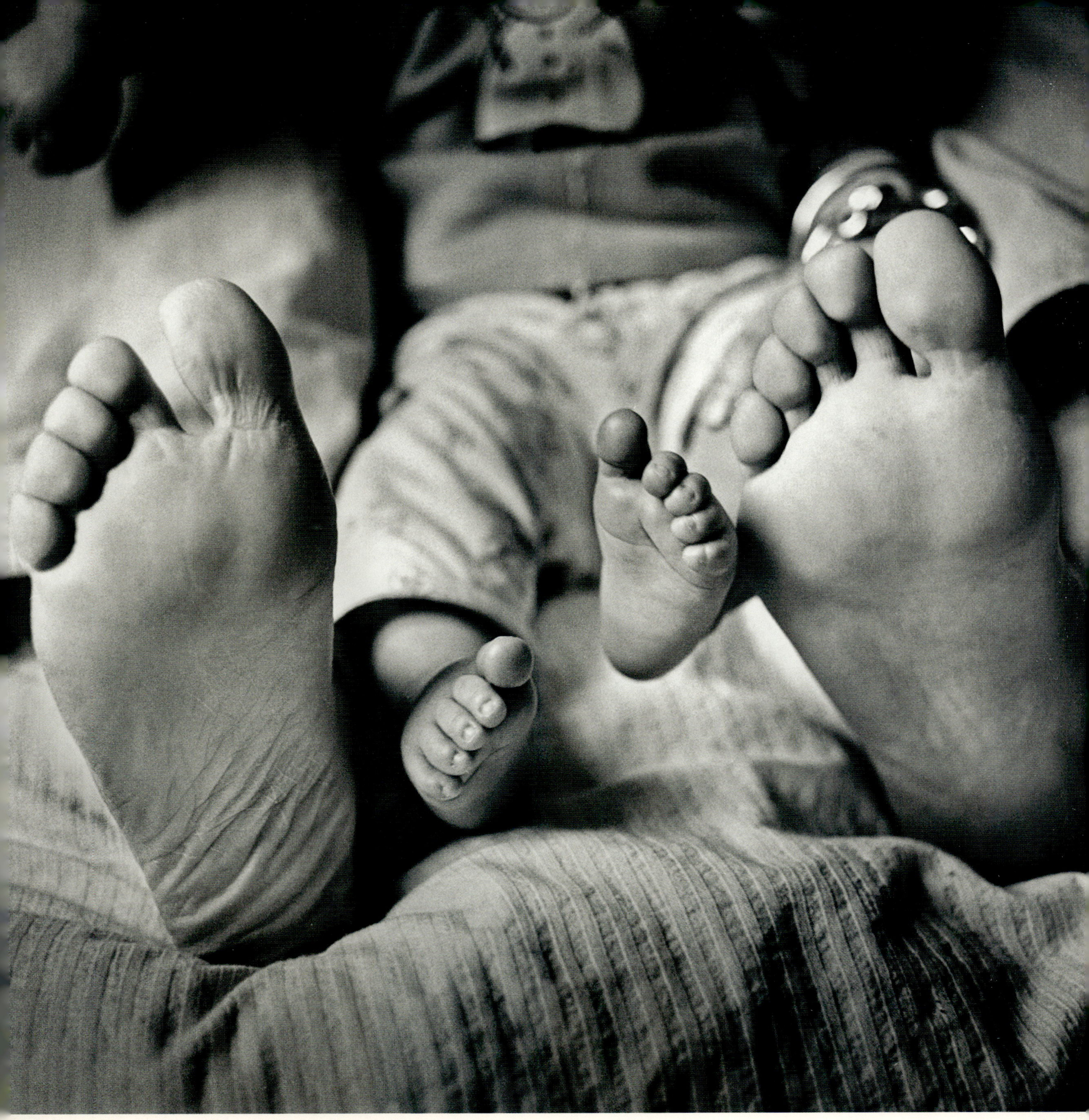

Frédéric Desmesure

FRANCE

Allongé sur un lit, un père dorlote son bébé. Le nourrisson lui frôle les pieds avec les siens, modèles identiques mais en miniature. Ce contact est capital pour lui, car c'est l'un des rares moyens dont il dispose pour se faire comprendre. Selon de nombreux psychanalystes, l'attachement que son père lui témoigne lui offre un modèle alternatif à sa relation fusionnelle avec sa mère et lui permet, donc, de devenir autonome et de s'ouvrir au monde extérieur.

Ces processus invisibles passent par des actes d'une grande puissance symbolique, comme les rituels alimentaires : en faisant entrer l'enfant dans la nourriture adulte, on le détache encore davantage du corps maternel, on le renforce dans son identité personnelle et son identité sociale. Les Wolof au Sénégal distinguent trois étapes marquant l'intégration de l'enfant à la collectivité : au départ, il est le bébé que sa mère allaite, puis, à l'âge d'environ deux ans, il devient le *perlit*, récemment sevré, avant d'accéder, vers l'âge de cinq-sept ans, au statut de *gune*, être socialisé. Quand le père a décidé la date du sevrage, il fait conduire l'enfant auprès d'un marabout qui lui donne un morceau de galette de mil consacré – tous les participants ont droit d'en manger une part sauf la mère. Le rituel signifie que l'enfant quitte le sein maternel pour aller vers le pain social. Par la suite, le *perlit* se familiarise avec les nouveaux aliments mais aussi avec tout un ensemble de règles régissant la vie collective, les échanges et les dons de nourriture, les manières de table – les hommes mangent séparément des femmes, à l'intérieur de la case ; ils obéissent au cours du repas à un code de comportements (regards, gestes) correspondant à la hiérarchie entre les âges ou les positions sociales. Le changement d'alimentation est donc l'aspect visible d'un bouleversement autrement plus large et profond : à travers lui, l'enfant s'approprie les traditions, les modes de penser et d'agir et la culture qui cimentent la collectivité dans laquelle il est né – tout ce qui désormais fait de lui non plus un étranger mais un membre à part entière du groupe, et reconnu tel par tous.

Joel Sartore

ÉTATS-UNIS

Quand la malice est de famille… À Lincoln, dans le Nebraska, un père et sa fille s'amusent à se tirer la langue. Un jeu de miroirs facétieux qui, plus profondément, aide la petite à se structurer : elle expérimente la valeur d'apprentissage portée par l'imitation et élargit sa palette pour communiquer. Aujourd'hui, les enfants américains passent de plus en plus de temps avec leurs pères, plus de 6 h par semaine, tandis que ceux-ci consacrent 7 h de moins à leur travail qu'en 1965. Plusieurs millions ont même décidé de devenir « hommes au foyer », ce qui leur vaut le surnom de « stay-at-home dads ». Une telle proximité quotidienne ne peut que favoriser le phénomène d'identification.

Jean-Baptiste Rabouan

FRANCE

En automne, en Bourgogne, un père et ses enfants participent aux vendanges de la parcelle du château Corton-André qui donnera

la prestigieuse cuvée Corton Docteur Peste vendue aux célèbres enchères de charité des Hospices de Beaune. Il leur livre un véritable savoir-faire : après avoir cueilli les grappes de raisin à la main, il les convoient avec eux à la cuverie dans des caisses ajourées. Plus largement, grâce à lui, le frère et la sœur s'immergent dans le monde agricole avec ses saisons, sa dureté (travail fatigant et rémunération horaire faible), sa convivialité (repas commun copieux)... Le père contribue ainsi à transmettre à sa descendance les valeurs d'un mode de vie qui tend, aujourd'hui, à disparaître.

Donner un nom à un enfant est une étape tout aussi décisive pour la construction de l'identité et sa consolidation. Le nom n'est pas un mot comme un autre. Il rassemble un capital spirituel que le père transmet. Par lui, le père rappelle que l'enfant procède d'une conception double : il est le fruit immatériel de désirs, d'affects et de paroles impliquant les deux parents, il est aussi fabriqué charnellement. Didier Dumas résume ainsi le double engagement parental : « Accueillant l'homme et sa semence, la mère accueille l'enfant dans son corps pour qu'il y construise le sien. Reconnaissant le bébé qu'elle met au monde, le père l'accueille dans ses structures mentales pour qu'il y enracine les siennes. Assumer d'être père, c'est accueillir l'enfant dans son statut d'humain. L'accueillir dans son nom, c'est lui offrir un lieu à partir duquel il établira ses règles de vie, sa morale, ses idéaux, son éthique et sa solidité mentale. » Ce point de vue moderne d'un analyste occidental résonne en écho avec la coutume des Baruya de Nouvelle-Guinée : chez ce peuple de chasseurs-horticulteurs, quand l'enfant naît, il n'est qu'un corps humain privé de sa composante spirituelle. Dès l'instant où son père lui donne un nom, celui d'un ancêtre du côté paternel, une âme pénètre dans le jeune corps. L'être est alors complet, chair et esprit.

La dimension spirituelle de l'acte de nommer qui vient renforcer l'identité est particulièrement sensible dans les systèmes patrilinéaires comme le nôtre : le nouveau-né reçoit le nom de son père (ou « patronyme »), qui l'inscrit aussitôt dans une filiation et dans son histoire. Aux États-Unis, la pratique est fréquente qui consiste à donner au premier des fils le prénom paternel, en lui accolant un chiffre le situant dans la lignée. D'où l'habitude de distinguer père et fils, en affublant le second du surnom de « junior ».

Thomas Hoepker

GUATEMALA (détail)

Un père et son fils portent sur leur dos de volumineux sacs remplis de radis jusqu'au village agricole de Zunil, dans l'ouest du Guatemala. Ils les vendront sur le marché indien les fleurs. Encore très jeune, ce garçon apprend de son père à gagner sa vie. Dans ce pays, où 75 % des habitants survivent avec moins de 2 dollars par jour, le travail des enfants est considéré par les chefs de famille comme une nécessité. 900 000 jeunes, âgés de 5 à 17 ans, en majorité des garçons issus de milieux ruraux. Arrachés prématurément à l'insouciance enfantine, ils affrontent les mêmes problèmes que les adultes, travaillant plus de 40 h par semaine, souvent dans le

Nicole Duplaix

AFRIQUE DU SUD

En Afrique du Sud, dans le parc national du Kalahari-Gemsbok, un Bushman et son fils saluent des amis. Ils appartiennent à ce peuple nomade de chasseurs-cueilleurs qui, depuis des milliers d'années, trouve sa subsistance dans le milieu hostile du désert du Kalahari, grâce à sa connaissance du milieu naturel et à ses traditions. Les pères enseignent à leurs fils à construire des abris de bois temporaires et à traquer les animaux (principalement des antilopes) avec des arcs légers et des flèches à pointes d'os empoisonnées. Mais, depuis la fin du XIXe siècle et l'arrivée des colons européens, la perpétuation de cette identité est particulièrement compromise, les autochtones étant expulsés de leurs terres ancestrales ou encore sédentarisés de force.

Robert Llewellyn

Un père et son fils, torse nu, jouent à faire saillir leurs muscles, se retrouvant dans cette démonstration de virilité. Dans les pays occidentaux, bercés par la mythologie gréco-romaine riche en dieux et en héros, la force physique a longtemps été constitutive d'une forte identité masculine. Les rapports entre père et fils se nouent tout particulièrement autour de cette identité commune. Mais, depuis les années 1970 et l'avènement du mouvement féministe, ce modèle de sexe fort est remis en cause.

Raymond Depardon

ÉTHIOPIE (détail)

Dans le nord de l'Éthiopie, un enfant suit vaillamment son père sur la route montagneuse qui mène à Labilela. Dans la bonne humeur, il fournit le même effort pour atteindre cette « Nouvelle Jérusalem ». Là-bas, il pratiquera, comme son père, la religion chrétienne de tradition copte (liée à l'Église égyptienne) dans l'une des églises médiévales taillées dans la roche. Son père lui expliquera toutes les spécificités de cette foi qui est majoritaire dans leur pays : sa conception élargie de la Bible et sa liturgie originale. Cette croyance, qui a hérité de nombreuses traditions du judaïsme, l'amènera aussi à lui apprendre les prières du sabbat.

Chez les Arapesh de Papouasie-Nouvelle-Guinée, le père, secondé par sa femme, a la mission de nommer. Après avoir rassemblé tous les enfants venus s'agglutiner autour de la hutte familiale pour apercevoir le nouveau-né, il prend une baguette, la frotte sur leurs dos, frotte ensuite le dos de son bébé en récitant une formule d'incantation : « Je te donne des vertèbres, une d'un porc, une d'un serpent, une d'un homme, une d'un serpent d'arbre, une d'un python, une d'une vipère, une d'un enfant. » Puis il casse la baguette en plusieurs morceaux qu'il accroche dans sa hutte. Il prend une grosse igname, la découpe en tranches et donne à chacune d'elles le nom d'un garçon du village. La mère reprend les tranches et, suivant l'ordre inverse, leur attribue le nom d'une petite fille. C'est une manière de s'assurer que le nouveau-né aura plus tard un bon comportement vis-à-vis de la collectivité, qu'il sera généreux, hospitalier envers les autres. L'identité sociale de l'enfant est ainsi solidement construite grâce au rituel de nomination accompli par le père.

Claudine Doury

FRANCE

Dans les allées d'un supermarché hexagonal, une petite fille imite son père qui fait les courses familiales. Elle remplit son Caddie miniature avec les victuailles alignées sur les rayons, se familiarisant ainsi avec des gestes qui font partie du quotidien des sociétés de consommation. Son père lui donne l'image d'un parent présent au sein du foyer, en particulier pour l'élever. Une évolution des comportements qui a valu à ces hommes plus impliqués le surnom de « nouveaux pères ». Pourtant, elle est très lente, puisque, encore aujourd'hui, les pères n'assument que 30 % des tâches domestiques et 40 % des tâches parentales.

PAGES SUIVANTES :

Pascal Maître

NIGER

Au Niger, dans le désert du Sahara, un Touareg apprend à ses fils les fondements de la vie nomade des pasteurs berbères. Il leur indique comment se repérer dans ces espaces infinis et comment guider les troupeaux de chameaux vers les pâturages les plus appropriés, en fonction de la saison (sèche ou des pluies). Pour préserver ce mode de vie et cette culture menacés par la sécheresse et les différents gouvernements en place au début des années 1990, les « hommes bleus » ont pris les armes. Depuis la fin de cette décennie, la paix est revenue, et ils sont mieux intégrés dans la société nigérienne.

Dan Patitucci

INDE

Dans le sud de l'Inde, un père décore son fils de peintures corporelles pour l'un des nombreux festivals hindous de l'État de Tamil Nadu. Ils s'apprêtent à honorer ensemble les divinités de l'hindouisme, religion largement majoritaire en Inde (80 % de la population) qui repose sur la croyance en l'existence d'un principe universel et s'appuie sur le système des castes. En effet, cette foi conditionne la place que chacun occupe dans la société. En participant à ces célébrations, l'enfant fait donc sien le rôle de chef de famille de son géniteur : chez les hindous, ce sont les hommes qui prennent les décisions importantes. De plus, il est destiné à hériter du patrimoine, celui-ci se transmettant de père en fils.

San Rostro

CUBA

Qu'un père initie ses fils à la conduite, il n'y a rien de très original à cela. Mais, à Cuba, les hommes ne se transmettent

pas seulement une technique mais aussi une passion, celle des belles américaines des années 1940 et 1950, avec leurs chromes étincelants et leurs couleurs de bonbons : Chevrolet, Ford... De génération en génération, ils se livrent leurs secrets pour les entretenir et, notamment, l'art délicat d'adapter des pièces russes sur les moteurs américains.

Cette culture de la voiture de collection s'exprime aussi à travers les antiques Mercedes, les Renault du type 4 CV ou encore la Lada, héritage des années d'influence soviétique.

Au cours de son développement, le jeune enfant perçoit ses parents comme des modèles, les admire sans détailler leurs qualités, sans leur supposer des défauts. À la rêverie parentale, qui projette de grandes choses quant à son devenir, il répond par une idéalisation de l'adulte. Celui-ci, en l'incitant à vouloir se constituer semblable à lui, lui permet de se construire. Du point de vue de l'enfant, le parent de sexe masculin est un repère identificatoire fort. La figure paternelle est associée à la toute-puissance. Elle relève de la catégorie des super héros bienfaisants et sans faiblesse. Elle est l'objet d'une promotion active sur le mode : « Eh bien moi, mon père il est pompier. – Le mien il est gendarme. » Marcel Pagnol a noté avec exactitude dans ses *Souvenirs d'enfance* le regard qu'il portait sur son grand et admirable modèle. Il décrit ici une scène ordinaire de pétanque : « Mon père, parmi d'autres géants, faisait des bonds prodigieux, et lançait une masse de fer à des distances inimaginables. » Un peu plus tard, le même témoin ayant gagné en maturité sait relativiser la grandeur paternelle : «… mon père préparait l'ouverture de la chasse, avec une application si minutieuse et si humble que, pour la première fois de ma vie, je doutai de sa toute-puissance, et mes inquiétudes ne faisaient que grandir. »

Hanan Isachar

ISRAËL

Dans une synagogue de Méa Shéarim, quartier de Jérusalem où se regroupent les juifs ultra-orthodoxes, un garçon portant papillotes et chapeau noir récite le Livre d'Esther lors de la fête de Pourim commémorant la libération des juifs de Perse. Comme son père l'a fait avant lui, il subordonne toute son existence à la religion : respecter un code vestimentaire précis ; habiter un quartier réservé aux ultra-orthodoxes ; fréquenter une école religieuse ; refuser la télévision, Internet, les journaux et les livres qui parlent du monde moderne. En devenant adulte, il pourra même, grâce aux financements d'État, étudier le Talmud toute sa vie, sans avoir à exercer un métier à côté

Une des fonctions du père, en tant que modèle d'identification et acteur du développement de l'enfant, est de renforcer la différenciation sexuelle. Comme le résume le psychologue français Jean Le Camus, « le père n'est pas seulement celui qui incarne le sexe différent du sexe de la mère ; il est celui en qui le garçon trouve le modèle sexué du même que soi (confirmation), la fille le modèle sexué de l'autre que soi (révélation) ». Nous y reviendrons à propos du jeu, mais il faut noter que, face à l'enfant, le père cherche toujours à provoquer des conduites différenciées, établissant solidement chacun dans son rôle, engageant le fils à être plus masculin, la fille plus féminine. Ce renforcement des rôles selon le sexe est nettement visible dans la plupart des sociétés traditionnelles. À l'écart des femmes et des filles, le monde des hommes soumet le garçon à des rites initiatiques marquant le passage de l'enfance à une masculinité adulte accomplie.

Les rites sont d'une grande diversité. Ils sont quelquefois conduits par le père, plus souvent par la collectivité masculine. Certains sont violents, comme en Papouasie-Nouvelle-Guinée où l'on impose aux adolescents des sévices, des privations de sommeil et de nourriture, des scarifications douloureuses sur le corps, des incisions sur le pénis. Cela va parfois jusqu'à l'obligation de tuer un ennemi : pour acquérir leur pleine identité adulte, les Malaitains devaient verser le sang d'une victime en la frappant avec une massue en forme de clitoris ; ils imitaient ainsi la première menstruation qui signalait l'entrée d'une fille dans le monde des femmes. Beaucoup d'initiations font appel à la circoncision, pratiquée non pas à la naissance mais à l'adolescence, par exemple chez les Massaï qui passent alors de l'état de « garçons » à celui de « jeunes guerriers ». Enfin, certaines initiations sont d'une douceur qui surprend : est-ce parce que le lien individuel entre le père et son enfant n'y est pas complètement occulté par la dimension collective de la cérémonie ? Toujours est-il qu'à Samoa le rituel s'accomplit simplement par une offrande paternelle faite au groupe des initiés où se trouve le fils.

RICHARD KALVAR

FRANCE

Moment de complicité dans une salle de bain d'un foyer de Saint-Émilion, en Aquitaine. En pantalon de pyjama, un père montre à son fils comment se raser. Le visage taché de mousse, le petit garçon rit de bon cœur. Pour les sociologues, le rasage, geste qui porte en lui une « blessure potentielle », est un rite de passage symbolique par lequel le père fait entrer son fils dans le clan des hommes. D'ailleurs, autrefois, ce passage de témoin s'effectuait de manière très solennelle, en allant chez le barbier.

YANN LAYMA

CHINE

Un père et un fils partagent le même abandon dans cette sieste improvisée sur un banc

de la Cité interdite de Pékin, gigantesque palais impérial érigé au XVe siècle. En Chine, la philosophie de Confucius a fait de la relation entre père et fils l'un des fondements de la société. C'est le fils qui perpétue le nom de la famille. Véritable « petit empereur de Chine », le garçon est toujours préféré à la fille, car il est plus apte à subvenir aux besoins de ses parents vieillissants. Ce constat est particulièrement vrai dans les campagnes.

ALISON WRIGHT

TIBET

Dans les rues d'Amdo, dans l'est du Tibet, un homme porte contre lui son fils emmitouflé dans sa chuba, la robe traditionnelle. Dans cette société, l'une des rares au monde à pratiquer encore la polyandrie, garçons et filles sont élevés sur un pied d'égalité, sans privilège masculin. Les hommes prennent une part active à l'éducation et aux soins prodigués aux enfants, tandis que les femmes sont nombreuses à travailler hors de la maison.

PROTECTION PATERNELLE

Le père, dès la venue de l'enfant, est mobilisé dans sa fonction protectrice. L'accouchement a épuisé les forces de sa compagne, et le bébé est vulnérable : deux êtres fragilisés qui, selon les vieilles croyances populaires, risquent d'exciter la convoitise de forces maléfiques. Dans l'Alsace d'autrefois, le père se chargeait du rôle de gardien. C'était à lui d'effectuer les gestes qui empêcheraient Satan d'envahir la maison. Il dessinait sur la porte d'entrée ou sur la poutre maîtresse de la cheminée une étoile à cinq branches, le *Drudenfuss* (littéralement « pied de sorcière »). Il traçait avec la pointe métallique d'un couteau un cercle magique autour du lit de l'accouchée pour arrêter la progression du diable. Autres terres, autres mœurs : en Guyane, les Wayapi usent d'une méthode bien plus nonchalante. Durant les trois jours qui suivent la naissance, le père s'installe dans son hamac. Dans l'abandon du repos, il fixe sur lui l'attention et les attaques des démons qui, sinon, attirés par la chair fraîche et sa douce odeur, s'intéresseraient au nouveau-né d'un peu trop près. Dans les populations nomades de Sibérie, le père rassemble les pièces animales qui vont servir à chasser les esprits : vingt-cinq têtes de canard, une tête de cygne. Avec la peau couverte de plumage de ces trophées, un tissu bienfaisant sera confectionné. Il protègera l'enfant. Un petit bonnet, sur lequel deux oreilles de renne auront été cousues, complétera le dispositif.

Plus largement, le père est l'homme de la famille. Il a pour lui la force physique. Elle le pousse à l'extérieur, à traquer le gibier, à travailler, à rapporter de quoi nourrir le foyer et à en assurer la sécurité matérielle. Elle le rend capable de porter son enfant sur les épaules, d'entraîner les siens loin des dangers. Cette force fait aussi du père un bâtisseur, celui qui construit la maison, réelle ou symbolique, où les siens s'abriteront, trouveront le gîte et le couvert. Dans la Rome antique, l'État impérial, longtemps pourvoyeur de pain pour les citoyens, se libéra de cette charge en instaurant une obligation alimentaire entre ascendants et descendants : le père dut garantir la subsistance des enfants vivant sous son toit. Plus tard, dans nos contrées, de belles formules ont traduit un impératif analogue : « Qui fait l'enfant doit le nourrir. » Le père, désigné comme « chef d'hôtel » (« chef d'oustal » en pays d'oc), vit avec sa progéniture « à même pain et même pot ». Aujourd'hui, on trouve encore trace de la même obligation : quand il y a divorce et que la mère se voit confier la garde des enfants, l'homme doit verser une « pension alimentaire » – façon de maintenir malgré la distance la protection matérielle.

La notion de « puissance paternelle » traduit au plan juridique cette supériorité physique et cette place centrale du père, pilier de la famille. Elle structure les sociétés où toute l'autorité émane du patriarche ou du chef de clan. Chez les Kanaks de Nouvelle-Calédonie, les terres ne relèvent pas de titres de propriété individuels et d'inscriptions au cadastre. Elles sont placées sous la protection de l'ancêtre qui, le premier, les défricha pour les cultiver. Elles portent son nom, abritent les restes de sa dépouille. La puissance tutélaire du fondateur du clan s'exerce à travers son esprit, qui veille sur l'ensemble des lignages issus de ses fils. La propriété des terres est collective, et c'est le chef de clan actuel qui répartit les terres à utiliser selon les besoins de chacun.

PICTURE PARTNERS/HOA-QUI

À l'instar de cet homme consolant sa petite fille, les pères occidentaux s'impliquent désormais davantage dans les soins apportés aux enfants. Selon un sondage Ipsos réalisé en 2004 auprès de parents français pour « Enfant Magazine », 85 % des personnes interrogées trouvent les pères d'aujourd'hui beaucoup plus investis dans les tâches quotidiennes relatives aux enfants que ne l'était leur propre père. 83 % des hommes affirment se lever la nuit sans rechigner pour s'occuper du petit qui a fait un cauchemar ou eu un peu de température. En revanche, seule un peu plus de la moitié des mères estiment cette intention suivie d'effet...

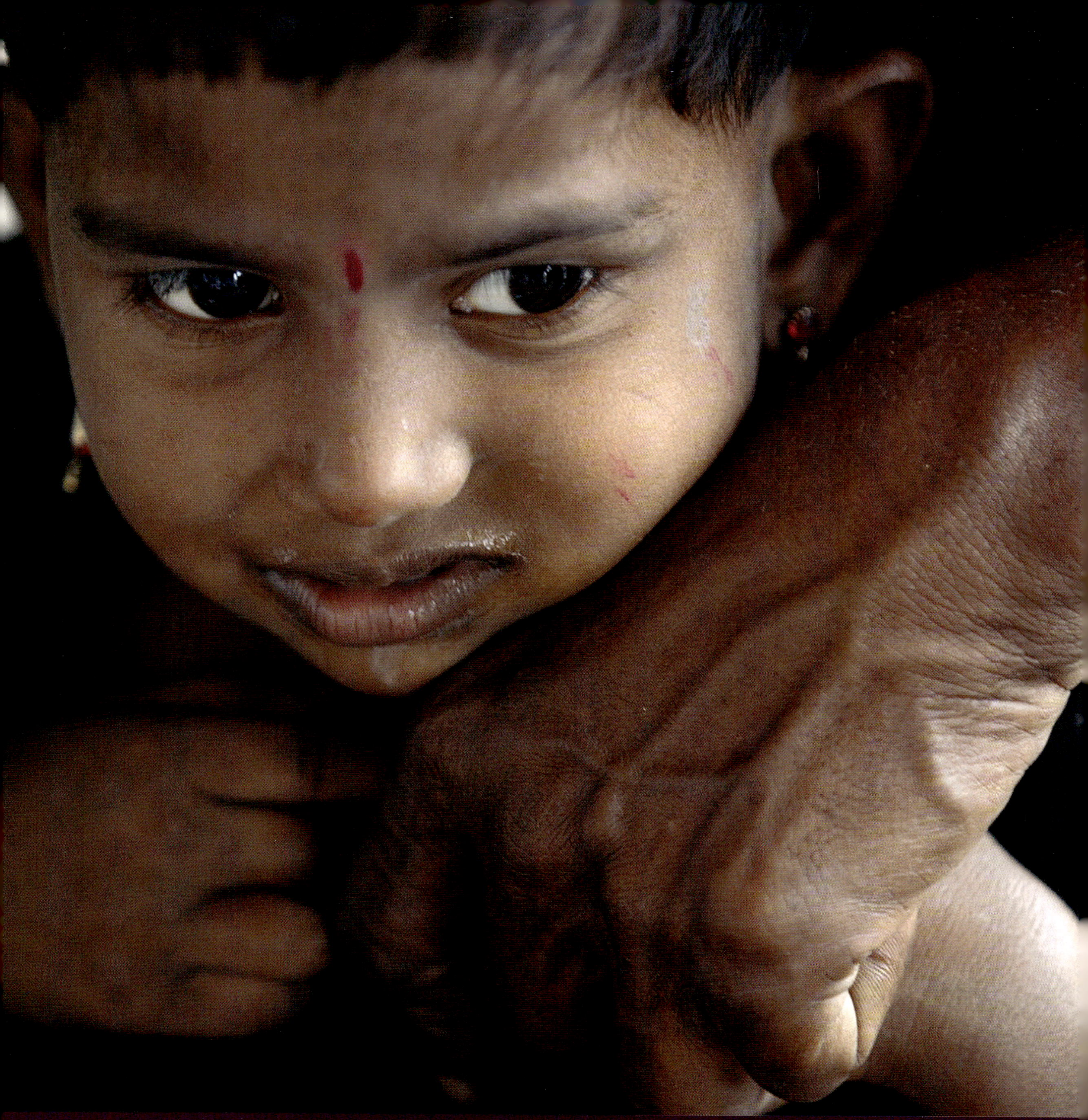

Arko Datta

SRI LANKA

Réconfortée par son père, une petite fille s'apprête à subir un contrôle médical, dans un refuge aménagé pour les personnes déplacées du village d'Ondachimadam, ravagé par le tsunami de décembre 2004, près de Batticaloa, sur la côte est.

Chaiwat Subprasom

THAÏLANDE

Être père, c'est parfois aussi mettre sa vie en péril pour sauver son enfant. Celui-ci lutte contre les courants pour mener son fils à l'abri des eaux, dans la province d'Ayutthaya, au nord de Bangkok En 2006, la région a compté parmi les deux plus sinistrées : de fortes pluies de mousson, d'une intensité inégalée depuis 30 ans, ont provoqué plusieurs mois durant de terribles inondations et glissements de terrain. Près de deux millions d'habitants furent touchés à travers le pays, des milliers de familles évacuées, et l'on dénombra plus de quarante victimes, entre août et octobre. Vivre dans un pays souvent confronté aux catastrophes naturelles est une épreuve pour les familles, qui doivent apprendre à y faire face et à protéger leurs enfants. Elles peuvent généralement compter sur le soutien d'organisations humanitaires comme la Croix-Rouge, qui distribuent, en situation d'urgence, soins, eau potable, kits de première nécessité et d'hygiène.

Laurent Van der Stockt

KOWEÏT

Un père protège son fils des fumées toxiques émanant de puits de pétrole en flammes, dans le désert au sud de Koweït City au lendemain

de l'entrée dans la capitale des troupes américaines, en mars 1991. La liberté fraîchement recouvrée ne leur apporte guère encore de répit. Devant le spectacle des dégâts provoqués par l'armée irakienne battant en retraite, l'homme enveloppe son fils dans un geste rassurant. En temps de guerre, lorsqu'il n'est pas au combat, un père, réputé homme fort de la maison, a un important rôle sécurisant à jouer. C'est en partie par sa présence et ses paroles que seront minimisés les risques de traumatismes psychologiques. En effet, la protection d'un père n'est pas que physique.

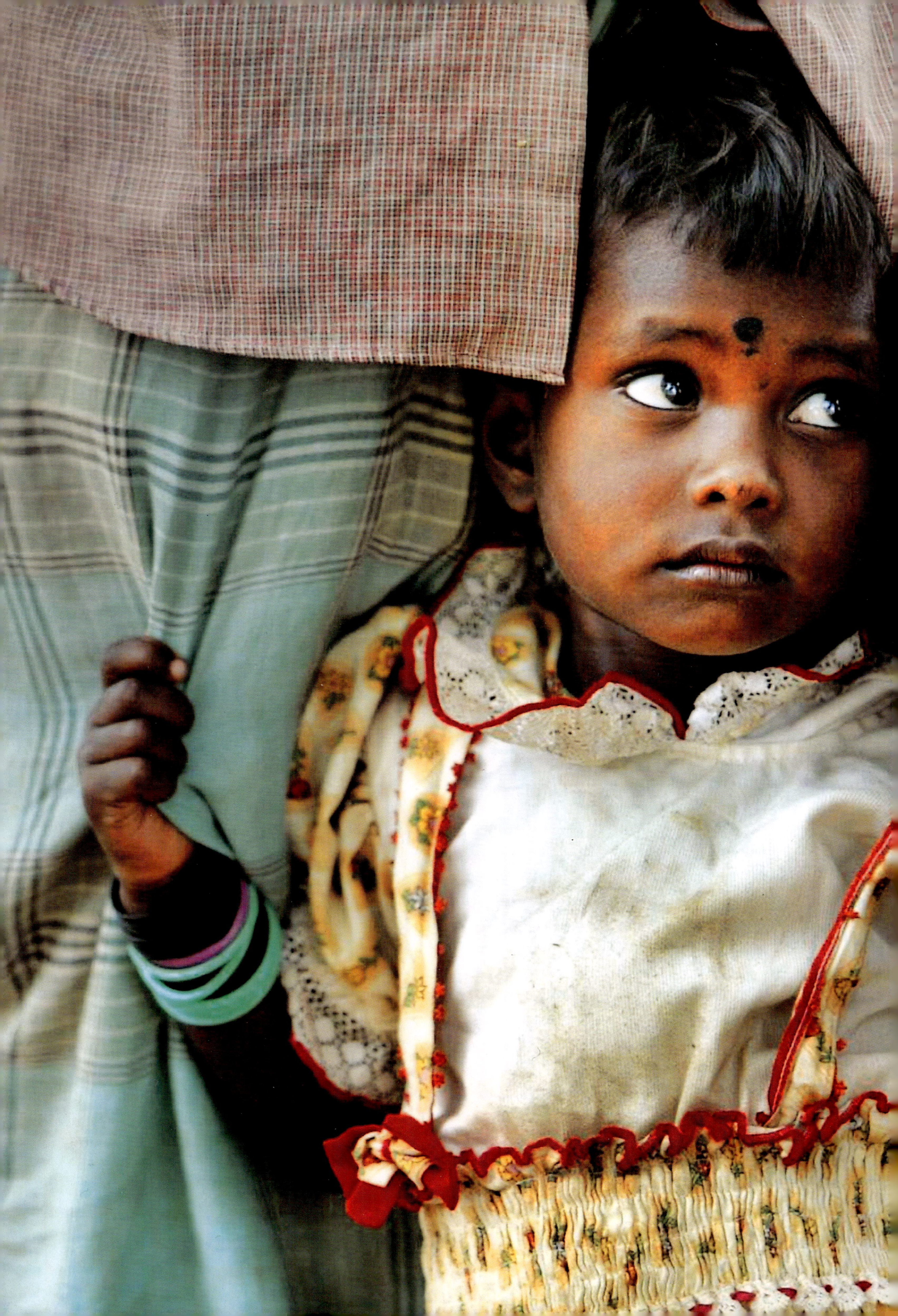

GEMUNU AMARASINGHE

SRI LANKA

Réfugiée dans le jardin d'une église de Mankeni, à quelque 230 km de Colombo, la capitale du Sri Lanka, une petite fille tamoule s'agrippe aux pans du sarong de son père. Ce dernier a choisi d'éloigner sa famille de la violence des combats qui opposent, depuis 1983, les forces gouvernementales aux Tigres de libération de l'Eelam tamoul. C'est pour lui la seule manière de la protéger, rester auprès d'elle et échapper à l'enrôlement de force par les rebelles : les séparatistes ont pris le contrôle de son village, à l'est du pays, et y recrutent tout homme valide de 14 à 55 ans, pour les former au combat.

Stuart Pearce

ESPAGNE

Intimidé par les grands garçons qui l'entourent, ce jeune Anglais trouve refuge entre les jambes de son père, dans un jardin de l'île de Majorque, en Espagne. Le père reste traditionnellement le représentant de la force physique vers qui se tourne le plus volontiers l'enfant en quête de protection.

Dans l'Inde contemporaine, on trouve de grandes familles organisées autour d'un patriarche, comme, par exemple, la caste rurale des Ajur, établie au Karnataka sur une vaste exploitation agricole. Elle regroupe une petite centaine de membres, répartis sur trois générations. Un seul homme la dirige depuis plusieurs décennies. Désigné par son propre père pour ses qualités de chef, il exerce sur ses frères, leurs femmes, leurs enfants et les petits-enfants une autorité protectrice et intransigeante. Il est le chef d'orchestre d'une collectivité strictement hiérarchisée, où les femmes occupent un rang subalterne. Il régit l'emploi du temps quotidien, les conduites de chacun, exige de tous la même obéissance, le même respect envers sa personne et ses décisions. Dans une telle organisation sociale, la puissance paternelle se révèle toujours ambivalente. Elle protège au risque d'écraser. Elle prend en charge mais installe dans une complète dépendance. Ultra-protectrice jusqu'à être tyrannique. L'abus de pouvoir n'est pas loin, et la violence qui le sous-tend. Le patriarcat romain reposait sur une absence de limites fixées au pouvoir du père, qui régnait en maître absolu sur ses enfants. Il pouvait condamner à mort, priver de ressources tous ceux qui vivaient sous son toit et sa tutelle, quels que soient leur âge et leur situation. La conséquence était terrible : certains enfants étaient tentés par le parricide, et beaucoup de pères étaient hantés par la peur que leurs propres fils ne les tuent.

GOH CHAI HIN

CHINE

Un paysan chinois porte son fils sur ses épaules, tout en l'abritant du soleil, dans une rue de Wushan, une ville située sur la rive nord du Yangtsé, au cœur de la région des Trois-Gorges. Dans la culture chinoise, les enfants doivent un respect sans faille à leurs ancêtres, et plus particulièrement à leurs parents. Ce sont eux qui assurent leur protection, dans leur vie comme dans l'au-delà. Un fils est censé, par exemple, offrir sa propre vie pour être fusillé à la place de son père. Celui-ci est traditionnellement distant envers ses enfants, respectant le principe selon lequel l'homme s'occupe des affaires extérieures à la maison, la femme de l'intérieur (« nan zhu wai, nu

JULIEN CHATELIN

AFGHANISTAN

Fuyant les combats et la famine, ce père afghan a conduit sa famille jusqu'au camp de réfugiés de Maslakh, à 16 km d'Herat, dans

l'ouest du pays. Ne pouvant plus assurer seul son rôle protecteur, il est venu chercher l'aide des associations humanitaires. Mais celles-ci tardent à s'organiser, et la famille passera ici plusieurs nuits, presque une semaine, dans le froid glacial de ce mois de novembre 2001, avant d'obtenir une place sous une tente. À l'abri sous une couverture, le père tente d'apporter un peu de chaleur à son fils et à ses filles. Dans cette situation dramatique, dans ce dénuement absolu, il est pourtant rasséréné sur un point : une association locale s'occupe déjà de nourrir les enfants.

À l'opposé des systèmes patriarcaux, certaines cultures se sont construites sans cette figure de père souverain protecteur, au centre de la maisonnée. Elles sont généralement matrilinéaires. Chez les Indiens Bororo d'Amazonie, chaque village rassemble une série de maisons disposées en cercle – Claude Lévi-Strauss utilise, dans *Tristes Tropiques,* l'image évocatrice de la roue de charrette. Au centre de la roue, la maison des hommes, réservée aux adolescents masculins, aux hommes célibataires. Une ligne partage le cercle en deux moitiés. Elle décide de l'avenir matrimonial de chacun : on ne peut épouser qu'un individu appartenant à l'autre moitié du cercle, et cette appartenance est déterminée par la naissance. Ici, ce ne sont pas les pères qui sont les « piliers » du foyer, mais les mères : elles habitent les maisons où elles sont nées, et elles en héritent. À l'heure du mariage, l'homme franchit la ligne de séparation et se rend dans l'autre moitié du cercle. Mais il ne se sentira jamais chez lui dans ce lieu où il réside désormais avec sa femme, les sœurs de celle-ci, leurs conjoints. Sa maison sera toujours celle de sa naissance, de ses impressions d'enfance : la maison maternelle. Il y retourne quand il le souhaite, si, par exemple, l'ambiance du domicile conjugal est trop lourde. Il est sûr d'y être bien accueilli.

Jean-Baptiste Rabouan

TIBET

Traversant le col de Wori La en plein cœur du mois de décembre, à quelque 5 200 m d'altitude sur les hauteurs de l'Himalaya, un père ladakhi tient la main de son fils cadet, Tondup, pour le passage délicat d'un torrent gelé. Du bout de son bâton, l'homme teste la solidité de la glace, fragilisée par le soleil de la journée, avant de laisser Tondup y poser le pied. L'un des caravaniers qui les accompagne a eu moins de chance : sa jambe s'est enfoncée jusqu'au genou dans l'eau glacée, et s'il cesse de marcher, ses orteils risquent de geler. Au terme de ce voyage, le père confiera son fils au lama Nawang, dans le monastère bouddhique de Sabu, où le jeune garçon sera fait lama à son tour. Un à deux ans durant, il apprendra auprès de ce maître spirituel à maîtriser l'écriture tibétaine. Dans les familles du Ladakh, les fils cadets sont traditionnellement envoyés dans un monastère, l'aîné, quant à lui, hérite des terres familiales.

Sabah Arar

IRAK

Portant dans ses bras son fils blessé, un père irakien se précipite vers l'hôpital le plus proche, dans la banlieue chiite de Bagdad, à Sadr City. En ces quelques jours de septembre 2004, les affrontements opposant la milice de l'imam radical Moqtada al-Sadr aux troupes américaines ont fait plus de quarante victimes, en majorité des civils.

De la même façon, chez les Menangkabou de Sumatra, le père n'est pas maître du foyer familial. Il y est reçu comme un invité privilégié. La cellule de base (*samandai*) réunit la mère et ses enfants, et forme avec d'autres cellules apparentées un ensemble plus grand, le *parui* (« matrice »). En font partie les hommes qui sont les frères des femmes. L'époux en est exclu. Durant toute son existence, il vivra sous le même toit que ses sœurs. Aussi, quand vient la nuit et qu'il désire remplir son devoir conjugal, il se rend discrètement dans le *parui* de sa femme. Les Menangkabou donnent à ce statut singulier le nom de « mari furtif ».

Au Ghana, les Ashanti, qui ont une pratique équivalente, parlent de « mari visiteur ». L'homme vient voir sa femme chez elle. En échange, elle a le devoir de cuisiner pour lui. La conséquence est plaisante. À la tombée du jour, les rues s'emplissent d'enfants portant des plats cuisinés depuis la maison maternelle jusqu'à la maison paternelle – version singulière et inattendue de l'obligation alimentaire. Dans toutes ces situations, le toit protecteur de la famille se satisfait d'une présence paternelle intermittente.

Quand l'époux est simplement « furtif » ou « visiteur », un certain rééquilibrage s'opère grâce à une distribution des fonctions paternelles entre hommes de la collectivité, les oncles maternels par exemple, qui se chargent de relayer le père biologique et d'assurer une partie de ses obligations vis-à-vis des enfants. À moins que le pouvoir ne soit équitablement réparti entre l'homme et la femme, comme chez les Na, peuple montagnard vivant à la frontière chinoise : dans leur société qui méconnaît le mariage et repose sur une circulation générale des hommes entre les femmes, l'autorité dans chaque maison est prise en charge par deux chefs. L'un est une femme, elle organise le travail domestique, les travaux agricoles, veille sur la nourriture et les réserves, attribue les offrandes aux ancêtres. Le second est un homme, il gère notamment le bétail et l'entraide entre voisins.

MARWAN NAAMANI

IRAK

Les rôles s'inversent parfois, comme lorsque ce jeune Irakien tente d'un geste affectueux de réconforter son père. Les larmes aux yeux, celui-ci assiste à la prière du vendredi, le 20 juin 2003, dans la mosquée sunnite Abdelkader al-Jilani, à

plus forte que l'amour et l'attention paternels. Dans un camp de réfugiés de Kaboul, ce papa offre une sépulture de fortune à sa petite fille, enveloppée dans un linceul. Âgée de moins d'un an, celle-ci n'a pas survécu à la mort de sa maman, disparue quelques jours plus tôt, tandis que la famille rentrait du Pakistan, où elle s'était enfuie pendant l'occupation de son pays. Privé du lait maternel, exposé au froid terrible de l'hiver afghan, et malgré les tentatives désespérées du père pour combler autant que possible l'absence de la mère, le bébé est mort sur le chemin qui devait les ramener chez eux, à Kandahar.

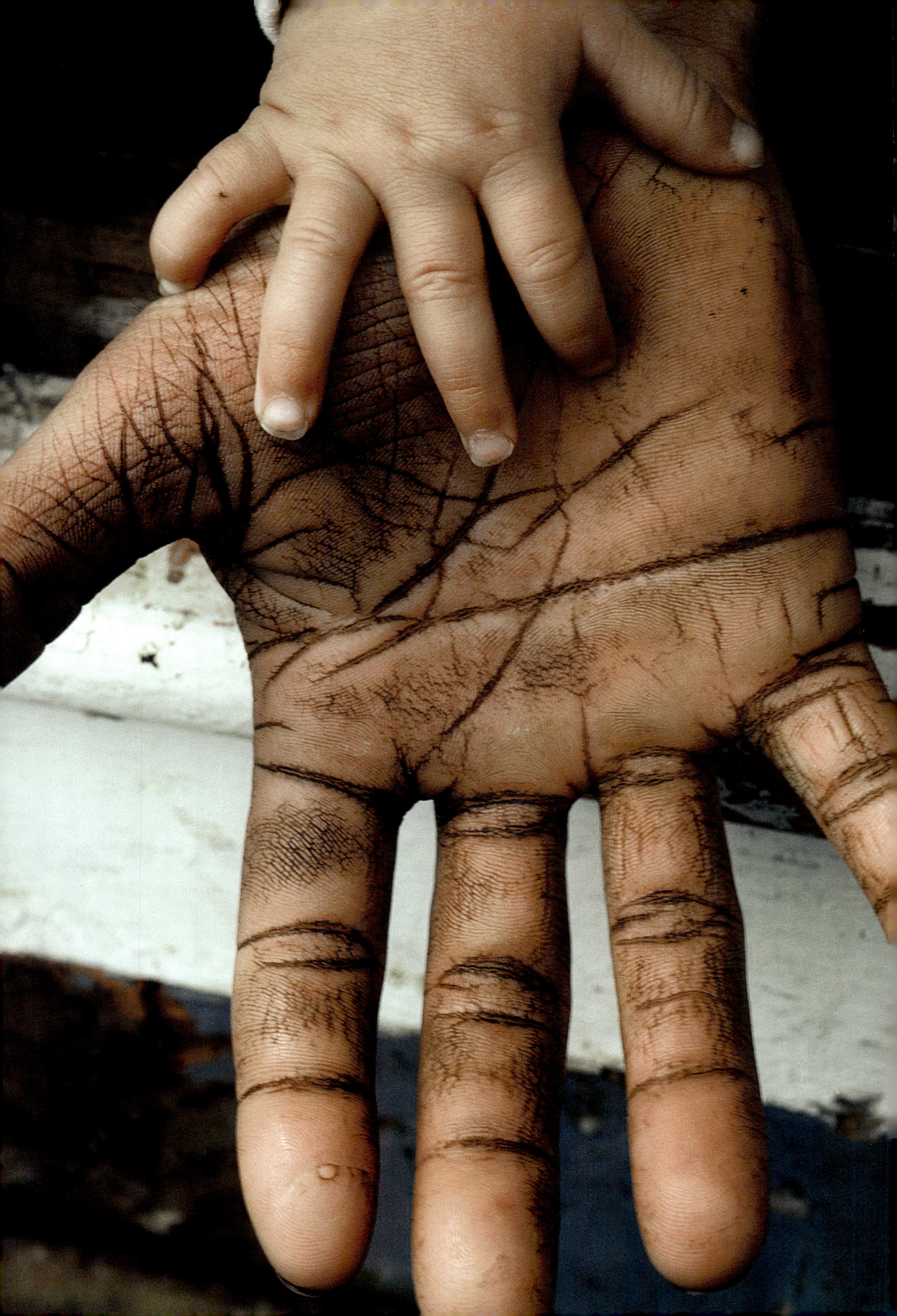

Le scénario est autrement dramatique quand un homme se retrouve individuellement fragilisé au plan économique et social. La qualité de protecteur du foyer est alors brutalement mise en cause. Que faire lorsqu'on est un paysan chinois et que l'on ne possède pas suffisamment de terres pour nourrir sa famille ? On quitte la campagne pour la grande ville, Pékin ou quelque autre métropole saisie par une frénésie de constructions. On se fait embaucher comme ouvrier sur un chantier. L'argent gagné rudement, on l'envoie aux siens, que l'on protège ainsi à distance. La scolarité des enfants est assurée, ils pourront peut-être grâce à leurs études avoir une vie moins âpre que celle de leur père.

De quel crédit dispose-t-on lorsque l'on se retrouve au chômage et que l'on subit une dégradation de son statut social ? La Française Chantal Zaouche-Gaudron a montré que, dans les milieux défavorisés, la dignité du père, la solidité de son image face aux membres de sa famille, son autorité, reposent largement sur la capacité qu'il a ou non de rapporter de l'argent à la maison : un père protecteur, fiable, est d'abord un bon « pourvoyeur de revenus ». Cette analyse rejoint les observations faites au Cameroun par le psychologue Valère Nkelzok Komtsindi, qui a mené une enquête auprès de plusieurs centaines d'étudiants inscrits dans les différentes universités d'État du pays, à Yaoundé, Douala, Buéa, Dschang et Ngaoundéré. Le bilan est très clair : aux yeux de ces enfants, devenus de jeunes adultes, le père ne compte que selon ce qu'il leur apporte matériellement. La question de l'argent est le critère déterminant qui, dans ces populations jeunes des milieux urbains et semi-urbains, distingue le bon père (riche) du mauvais père (pauvre). L'autorité paternelle n'est reconnue effectivement que dans la mesure où l'adulte se montre apte à répondre financièrement aux innombrables exigences de sa progéniture. Les étudiants interrogés sont-ils avides ou, au contraire, remplis d'une espérance admirative pour leur père ? En tout cas, ils comptent beaucoup sur sa générosité matérielle, avatar moderne de la puissance paternelle.

Jean-Erick Pasquier

ALASKA

Robuste, la main de ce pêcheur d'Alaska contraste avec la fragilité de celle de son fils. L'enfant et sa mère embarquent souvent avec l'équipage pour les expéditions en mer, qui durent de trois à quatre semaines. L'homme a ici un double rôle protecteur : en tant que père et capitaine du bateau, garant de la sécurité de toute personne à

Fredrik Naumann

NORVÈGE

Un papa norvégien s'amuse à plonger son nourrisson ravi dans l'eau d'une piscine. Il a tout le temps de le cajoler puisque, dans le royaume scandinave, les jeunes pères ont droit à un congé paternel de 6 semaines. Aujourd'hui, ils sont 80 % à poser ces jours de vacances dédiés à l'éducation des très petits. Preuve que les hommes ont un rôle primordial à jouer dans l'éveil des enfants, ceux-ci sont plus épanouis et apprennent très tôt à communiquer avec plusieurs personnes, la mère agissant sur le mode de l'attachement et de la tendresse alors que le père stimule, initie à la prise de risque et projette dans l'espace. Grâce à cet intelligent partage des tâches, la Norvège est devenue le pays des bébés, avec un taux de fécondité de 1,9 enfant par femme (1,52 pour la moyenne de l'Union européenne).

ÉDUCATION ET TRANSMISSION

Plusieurs campagnes publicitaires récentes ont popularisé la figure de l'homme tenant tendrement un jeune enfant au creux du bras, le serrant contre la poitrine dans un mouvement protecteur. Cent cinquante ans plus tôt, les conventions étaient différentes. Les gravures de livre, les illustrations d'almanach, présentaient couramment des scènes d'intimité où le père de famille portait à bout de bras son enfant. Il le plaçait à sa hauteur ou au-dessus de sa tête. Quelquefois il le lançait en l'air. Cette attitude est révélatrice de la façon dont la paternité est alors assumée, affichée : le père est celui qui, au sens propre comme au figuré, élève l'enfant, le soulève dans l'espace, le porte plus haut et plus loin. Le bel élan ascensionnel dit la foi en l'avenir, la volonté d'y projeter son héritier, de lui transmettre force et confiance, d'aider à le faire grandir, pour qu'il puisse affronter le monde.

La plupart des sociétés humaines ont accordé au père pour mission principale l'éducation. Parce qu'il possède la force physique, il est le détenteur du pouvoir, il incarne l'autorité. Et face à la mère qui rassure, câline, console, répond aux demandes de sa progéniture, il est celui qui trace les limites, empêche l'enfant de s'installer dans la toute-puissance. Il prescrit les règles, rappelle la nécessité de s'y soumettre – ce qui facilite la socialisation – permet d'enclencher les processus d'apprentissage. Bref, il est celui qui sait dire « non ». Chez les Hmong des régions montagneuses du sud de la Chine, le père décide de tout en matière de choix éducatifs : il organise la formation complète de l'enfant dans les moindres détails, depuis le travail de la terre, la cuisine, l'apprentissage du langage, jusqu'aux codes de politesse et d'habillement. Il n'y a pas de répartition des tâches éducatives : dans l'aventure, la mère est présente aux côtés de son compagnon en tant qu'auxiliaire.

Reza

ARABIE SAOUDITE

Dans la société patriarcale des Bédouins d'Arabie saoudite, l'instruction passe par le père. Celui-ci apprend à compter à ses filles en leur racontant des histoires amusantes. Contacts physiques, boutades, questions déroutantes... Les pères ont tendance à « taquiner » leurs enfants afin de favoriser leur développement cognitif. Ils inventent des jeux qui obligent le novice à découvrir des solutions nouvelles, à inventer et, finalement, à acquérir un goût durable pour l'apprentissage.

Jacques Graf

FRANCE

Dans une maison de Haute-Garonne, un garçon de 7 ans fait ses devoirs de vacances sous le regard attentif de son père, qui lui caresse les cheveux. Il s'agit d'un moment privilégié de la relation père-fils : la maison est paisible, ils sont seuls dans la pièce, concentrés sur la même tâche. L'enfant a besoin de sentir que son travail est validé par un regard d'adulte. De son côté, le père ne se pose pas comme un donneur de leçons mais plutôt comme un accompagnateur qui offre un cadre sécurisant. Il apprend à son enfant à se plier aux contraintes : « Même si le soleil rayonne dehors, tu dois faire tes devoirs pour réussir à l'école. Plus tard, au travail, tu devras accomplir des tâches que d'autres personnes t'auront confiées. »

Dans sa version extrême, la figure paternelle au masque sévère, inspirant une obéissance peureuse, donne l'intraitable père Fouettard. Il n'est pas aussi répandu qu'on pourrait le supposer, car la sévérité traduite en brimades physiques n'est admise ni dans toutes les cultures ni à toutes les époques. En Europe occidentale, aux XVIIe et XVIIIe siècles, la pratique de la correction était généralisée. Fouet et coups de bâton s'abattaient autant sur les adultes délinquants que sur les enfants. L'étymologie du verbe « corriger » (« redresser complètement, remettre en droite ligne ») exprime bien ce qui sous-tendait l'usage institutionnalisé de la violence : remettre dans le droit chemin ceux qui s'en écartent ou qui risquent de le faire ; aux yeux du père Fouettard et de ses adeptes, l'enfant est une friche à amender, une matière récalcitrante, un peu brute, qu'il faut arracher à sa faiblesse native, modeler, enrichir sans craindre de la malmener. Beaucoup d'anciens traités d'éducation rappellent l'adage populaire « Qui aime bien châtie bien », et admettent l'usage de la punition corporelle : à la fin du XVIIIe siècle, en France, le bon père est celui qui n'hésite pas à frapper ses enfants quand ils le méritent. Le juste châtiment relève de cette « vertu romaine » à l'antique, très prisée à l'époque révolutionnaire. C'est à la fin du XIXe siècle que la France met un frein à la brutalité paternelle : une loi de 1889 menace de déchoir le père de ses droits en cas de mauvais traitements excessifs infligés à ses enfants. À la même époque, en Angleterre, la pratique de la fessée et de la flagellation est répandue dans les familles comme dans l'institution scolaire. Il faut dire qu'elle est prônée par la reine Victoria en personne, et propagée par l'adage « Spare the rod and spoil the child » (littéralement : « Économiser les coups de bâton gâte l'enfant »). C'est seulement en 1986 que les punitions corporelles ont été proscrites des écoles publiques britanniques, encore plus récemment (1999) des écoles privées.

Manfred Wirtz

UKRAINE

Sur les trottoirs d'Odessa, un garçonnet et son papa jouent de la musique en espérant récolter quelques pièces de monnaie. Un acte quasi politique puisqu'en Ukraine jouer des morceaux traditionnels, c'est transmettre à ses enfants une part de la mémoire occultée des minorités du pays (juives, moldaves, bulgares, hongroises, tatares...). En effet, ces chansons ont longtemps été interdites sous l'ère communiste. Leurs paroles étaient russifiées, stalinisées, voire carrément proscrites, au profit des fanfares à la gloire du régime. Ces musiques ont toutefois survécu dans le secret des familles pour finalement réinvestir la sphère publique après l'indépendance du pays, dans les années 1990.

Philippe Lissac

SÉNÉGAL

Tout père rêve de donner à ses enfants la meilleure éducation possible. Mais la pauvreté peut l'en empêcher. Dans la province de Kaolack, au Sénégal, un homme et son fils labourent leurs terres, aidés par un cheval cadavérique. Dans ce pays, plus d'un million d'enfants âgés de 5 à 15 ans sont contraints de travailler, que ce soit pour leur propre survie ou celle de leur famille, selon le programme pour l'abolition du travail des enfants. Le plus souvent, les pères, incapables de payer les fournitures et les frais de scolarité, initient leurs enfants aux travaux agraires, perpétuant ainsi le cercle vicieux. Dans le monde, 132 millions de jeunes triment dans les champs.

Les psychologues occidentaux modernes ont insisté sur le fait qu'exercer une autorité éducative, prescrire des règles et fixer des limites, n'est pas incompatible avec l'affection et la bienveillance. Ils retrouvent la sagesse de certaines civilisations qui proscrivent le châtiment corporel. Plus exactement, elles ne l'envisagent pas parce qu'elles accordent à l'enfant une dignité et un crédit différents : ainsi les Indiens d'Amérique du Nord chez qui l'obéissance de l'enfant découle naturellement de sa prise de conscience que l'adulte est là pour le protéger, l'aider dans les apprentissages. L'autorité juste, admise par celui sur qui elle s'exerce, procède du désir parental de faire grandir et accorde une pleine confiance aux potentialités de l'enfant. De ce point de vue, la sanction n'est pas l'apanage du père. Le droit et le devoir d'interdire sont aussi du ressort de la mère. Ils relèvent de la coparentalité. La mère est aussi celle qui peut dire « non ! »

STEVE McCURRY

AFGHANISTAN

La scène paraît banale. Un père et sa fille passent le temps dans leur maison du Nouristan, une province montagneuse de l'Est afghan. Sauf que sur la table trône une kalachnikov. Parfois, les pères peuvent habituer leurs enfants à la violence. Au moment où cette photo fut prise, en 1994, la guerre civile entre factions moudjahidines déchirait le pays. Aujourd'hui, le bain de sang continue, même si les belligérants ont changé (talibans, forces occidentales de la coalition...). C'est le principe même d'une vendetta : un déchaînement de violence pour venger une terrible offense, qui se transmet de génération en génération.

Stuart Franklin

NIGER

Les pires choses peuvent se transmettre de père en fils, même le statut d'esclave. À Zango Tchiga, village misérable perdu au cœur

du Niger, Issou Agali, un esclave de 60 ans, part répandre du fumier sur le champ de son maître avec l'aide de ses deux plus jeunes fils, Ibrahim (10 ans) et Abou Bakar (8 ans). Aucun salaire ne leur est versé pour ce labeur. Après avoir appris les rudiments du « travail » d'esclave auprès de leur père, ils pourront être placés sur d'autres dépendances du maître. Leurs enfants seront à leur tour des serviteurs. Au Niger, on compterait environ 180 000 esclaves sur un total de 12 millions d'habitants, selon le Bureau international du travail.

Miguel Rio Branco

BRÉSIL (détail)

Sur leur jangada (un radeau léger en bois), un père et son fils s'en vont pêcher au large de l'Île de Itaparica, dans l'État de Salvador de Bahia, au Brésil. Prise d'assaut par les touristes qui raffolent de ses 40 km de plages de sable fin, l'île est encore peuplée en majorité de pêcheurs descendants d'esclaves d'Afrique de l'Ouest. Outre la pratique de la pêche, les pères transmettent à leurs enfants des rites et des croyances venues de l'autre côté de l'Atlantique. Ainsi, à Itaparica, le candomblé, une religion qui mêle catholicisme et croyances africaines, porte le souvenir inconscient de la traite des Noirs. Génération après génération, il s'agit de ne pas oublier d'où l'on vient.

Jean-Baptiste Rabouan

GUATEMALA

Chez les Indiens Mayas Cachikeles de la région du lac Atitlan, au Guatemala, ce sont les hommes qui cousent les vêtements traditionnels tandis que les femmes se chargent du tissage. Ce père familiarise son jeune garçon à l'utilisation d'une machine à coudre. Plus tard, celui-ci élaborera lui aussi les motifs très colorés et à dominante rouge qui couvrent les tenues et expriment l'identité des Mayas. Dans ce peuple souvent menacé au cours de l'histoire (de la conquête espagnole au xve siècle aux mariages mixtes aujourd'hui), la transmission de l'identité aux jeunes générations passe par une participation constante des enfants aux travaux traditionnels du quotidien.

Toutefois, si les compétences de la mère et du père sont potentiellement équivalentes sur la question de l'autorité éducative, il existe des différences d'attitude, que les psychologues contemporains ont mises en évidence. Une étude britannique conduite à la fin des années 1980 sur un groupe d'enfants âgés de 18 à 24 mois, accompagnés de leurs deux parents et placés en situation de jeu libre, a montré que les pères étaient des partenaires linguistiques plus exigeants et plus normatifs. Ils utilisent davantage de mots rares et des mots plus techniques. Une donnée perceptible dès les premiers mois. Pour désigner l'image d'un fauve, encore inconnue du bébé, une mère parlera de « gros chat » ou de « gros minou », termes familiers de son interlocuteur : elle est animée d'abord par le souci de se faire comprendre. Le père, lui, emploiera les termes précis de « tigre », « léopard » ou « panthère ». Il est plus spontanément du côté des conventions de langage, il veille à ce que l'enfant se les approprie et les suive. Les spécialistes résument la situation en disant que le père sert de « pont linguistique » entre l'univers intime et le monde extérieur. De la même façon, dans l'échange verbal, le père a plus souvent recours à des demandes de clarification, il incite à reformuler, multipliant les « que dis-tu ? », « répète ce que tu as dit », « je n'ai pas compris ». L'enfant est invité à se faire bien comprendre d'un interlocuteur qui ne le connaît pas, loin de l'indulgence de ceux qui, dans son entourage, l'écoutent avec amour et bienveillance.

PAGES SUIVANTES :

XAVIER ZIMBARDO

INDE

Philippe Lafond

MAROC

De la plus haute terrasse de leur tighermt (maison berbère), un père et son fils de la tribu des Aït Oumdis du Haut Atlas central, dévorent un livre d'enfant. Pour le garçon ébahi, l'adulte est celui qui détient la clé des signes magiques (l'écriture et les dessins) qui mènent aux rivages de la connaissance. Il oscille donc entre un sentiment d'admiration et un profond respect pour cette figure masculine.

Les sociétés traditionnelles, celles d'autrefois ou extra-occidentales, peuvent compter, pour la transmission des valeurs culturelles et des systèmes de croyance, sur un certain nombre de relais situés dans la parenté ou dans la communauté des anciens, comme ces griots de l'Afrique de l'Ouest, à la fois poètes-musiciens professionnels, guérisseurs et médiateurs, qui maintiennent l'antique tradition orale des grands récits épiques et généalogiques. Mais pour ce qui est de perpétuer les savoirs techniques, le père est au centre du dispositif. Entre lui et son fils s'établissent des liens étroits, dans le cadre des rapports de travail et d'apprentissage. « Plus tard, je ferai comme papa ! » Le modèle d'identification joue à plein, la profession du fils sera celle du père. « Donne à ton fils l'amour de ton métier », proclame une affiche de la France de 1942. Le garçon bon apprenti est une énième variation sur le motif des anciennes images pieuses illustrant l'éducation de Jésus : on le voit tout gamin imitant les gestes de son père, Joseph le charpentier... Tel père, tel fils ! Dans les systèmes patriarcaux, la règle est universelle. Chez les Indiens Yanomami d'Amazonie, l'homme adulte emmène son garçon chasser, il lui fait partager ses connaissances sur le milieu naturel, les animaux sauvages et leur comportement, il lui enseigne l'art de tirer à l'arc, la manière de suivre les pistes, de repérer les traces fraîches, d'identifier les excréments. Au Niger, les Aza forment parmi les Toubou une caste de forgerons : le père y confie à son fils un savoir-faire ancestral, des gestes artisanaux qui sont un héritage remontant à des temps immémoriaux. Au Maroc, il existe des maîtres artisans selliers qui, d'une génération à l'autre, se transmettent depuis plusieurs centaines d'années les secrets de la fabrication des selles et harnachements de chevaux.

STUART FRANKLIN

ÉQUATEUR (détail)

La bouche sévère mais les yeux rieurs, un fermier des îles Galapágos tance son fils. Doigt accusateur et genoux fléchis pour être à la hauteur du petit, c'est la technique universelle des papas pour rétablir la loi et fixer les limites de la liberté des enfants. Dans les familles traditionnelles, le père est vu comme un éducateur juste mais impitoyable, celui qui, par ses réprimandes, fait sentir aux enfants qu'ils sont l'objet de la plus haute considération.

Denis Dailleux

FRANCE

Pendant des années, transmettre des valeurs, des connaissances et de l'amour, puis lire un jour dans les yeux de sa fille une farouche incompréhension... À l'adolescence, le père est déchu de son rôle d'éducateur : il n'est plus celui qui éveille à la vie. Les jeunes se tournent vers leurs amis pour assouvir leur soif de découverte. Quand il s'agit d'aborder les sujets délicats (drogue, alcool, mauvaises fréquentations, difficultés scolaires...), ils ont plutôt tendance à se confier à leur mère, jugée plus compréhensive, selon une étude de la Délégation interministérielle de la famille (janvier 2007). Le père est mis hors jeu. Cette rupture du dialogue lui fait brusquement prendre conscience qu'une page de sa vie d'homme se tourne, et qu'il vieillit.

Un des aspects bénéfiques de ce type de transmission est qu'il permet de repérer les dons et de les exploiter. Le fils, stimulé par son père, homme d'expérience, est poussé à l'excellence. Ainsi, au XVIIIe siècle, le musicien Léopold Mozart, compositeur, instrumentiste, grand professeur de violon, sut identifier le génie de son petit Wolfgang. Il se consacra à faire fleurir ce prodige naissant, l'amour et l'admiration paternels venant renforcer les talents du pédagogue.

En revanche, le même principe bloque les situations. La différenciation qu'il détermine entre les sexes cause des décalages : le projet éducatif pour le garçon n'a rien à voir avec celui de la fille, qui est confié à la mère. Quand, chez les Iroquois, le garçon s'initie à la culture des sols, la fille, elle, apprend de sa mère comment faire les semailles, les récoltes, conserver les aliments et les préparer. La transmission héréditaire des activités fige aussi les appartenances, empêche toute mobilité sociale : en Inde, le système des castes enferme les êtres dans des activités spécifiques, hommes de religion, militaires ou commerçants pour les castes supérieures ; petits paysans et artisans modestes pour les castes intermédiaires ; pauvres, mendiants pour la caste des intouchables.

Une solution qui tend à s'universaliser : la prise en charge par l'institution scolaire, et son personnel spécialisé, d'une partie de l'autorité éducative et morale, autrefois domaine réservé du père de famille – chez nous, ce transfert s'est produit au cours du XIXe siècle. Il tend à aplanir les différences sexuelles. Dans les montagnes du nord du Pakistan, la population de musulmans ismaéliens est attachée au principe d'éducation mixte. Garçons et filles sont scolarisés dans le cadre de programmes caritatifs financés par l'Aga Khan, chef spirituel de la communauté. Plus à l'est, dans la minorité ethnique des Yi, habitant les montagnes du Yunnan chinois, la scolarisation concerne théoriquement tous les enfants, mais les filles sont minoritaires dans les classes : les traditions imprègnent encore fortement les mœurs et pèsent sur les destins individuels.

PAGES PRÉCÉDENTES :

JOHN STANMEYER

AFGHANISTAN

Un père accompagne sa fille adolescente dans les boutiques de Kaboul, pour acheter sa première burka. Il la prépare ainsi à sa future vie de femme cachée aux yeux de la société. Partout dans le monde, les pères induisent chez leurs enfants des attitudes et des comportements conformes aux attentes sociales (ce que l'on nomme les « rôles des sexes »). Par exemple, les filles, censées être « douces et calmes », reçoivent des dînettes et des poupons, tandis que les garçons, « décidés et dynamiques », s'amusent avec des voitures et des figurines de super héros belliqueux.

NARINDER NANU

INDE

Juché sur les épaules de son père, un jeune garçon surplombe la foule qui prend part au Holi, la fête des couleurs traditionnelle hindoue, à Amritsar. Chaque février ou mars, ce festival annonce le printemps dans une atmosphère euphorique, où l'on s'asperge d'eau colorée et de gulal, une poudre pigmentée. Ce n'est pas un hasard si le père a maquillé son fils comme lui. En l'amenant au cœur de la liesse, il lui fait partager la joie des adultes et l'introduit dans leur monde. Un monde rythmé par des codes immuables, des dates importantes et des rites religieux que l'enfant devra à son tour respecter quand il sera grand.

Là où le système scolaire est moins pérenne que chez nous, là où le travail des enfants fournit un complément indispensable à la survie de la famille, l'harmonisation entre éducation et apprentissage est souvent délicate. Dans la Chine d'aujourd'hui, l'afflux de paysans déracinés, migrant de l'intérieur vers les grandes villes, s'accompagne de ce qui peut sembler une catastrophe éducative : seuls 12 % des enfants issus de cette population précarisée suivent un parcours scolaire. Les autres travaillent comme leurs pères, sur les chantiers de construction, sans l'espoir de pouvoir grâce aux études obtenir une vie meilleure. Dans la province pakistanaise du Balouchistan, le tissage des tapis est confié aux enfants (80 % de la main d'œuvre). Certains sont employés dans des ateliers d'État. Mais d'autres travaillent dans les ateliers familiaux sous la férule paternelle, et ils échappent à tout contrôle : comment y appliquer la loi de 1991 qui limite l'âge et la durée de travail ? et comment l'Unicef (Fonds des Nations unies pour l'enfance), qui ne peut s'y introduire, pourrait-il y faire intervenir comme ailleurs ces instituteurs consacrant quelques instants de pause pour alphabétiser les jeunes travailleurs. Lorsque le père a pour immédiat souci que tous participent à la subsistance de la maisonnée, sa tâche éducative s'en trouve nécessairement restreinte.

Roland et Sabrina Michaud

INDE

Dans la mosquée du Taj, à Agra, un père et son fils prient de concert. Dans la religion musulmane, comme chez les catholiques et les protestants, le père de famille a la charge des âmes « que la Providence lui a confiées » : ses enfants. C'est donc lui qui assure leur formation religieuse. Tout se passe à l'oral, au cours de séances où le père raconte les grands récits du Livre (Coran ou Bible) que l'enfant reçoit comme des évocations magiques.

ALY SONG

CHINE

Se baignant dans une piscine de Shanghai, un papa projette son fils dans les airs. Davantage que les mères, les pères sont traditionnellement enclins à ce genre de jeux physiques. Par leur intermédiaire, ils mettent l'enfant au défi, le poussent à se dépasser, à surmonter ses peurs, à explorer de nouvelles voies. C'est une étape importante dans son développement, qui l'aidera à affronter l'adversité et à s'adapter à la nouveauté.

JEUX ET MOMENTS DE COMPLICITÉ

Le jeu n'est pas seulement un plaisir, et il est plus qu'un passe-temps. Il est un instrument essentiel dans le développement de l'être humain. Cette dimension a été reconnue au plan international : un des principes de la Déclaration des droits de l'enfant, adoptée en 1959 par l'Organisation des Nations unies, affirme que « l'enfant doit avoir toutes les possibilités de se livrer à des jeux et à des activités récréatives ». Les pères semblent souscrire spontanément à une telle résolution : selon un sondage effectué en janvier 2007, le premier domaine pour lequel ils s'impliquent dans la vie familiale, en énergie et en temps, c'est la distraction de l'enfant. Et dans l'immense majorité des circonstances, ils reconnaissent que ce sont eux qui prennent l'initiative de proposer et d'organiser les sorties et les jeux.

Les spécialistes du comportement et de la psychologie infantile ont observé pères et mères, et montré que, face au nourrisson, ils manifestent des aptitudes similaires pour établir des contacts, communiquer avec lui. C'est dans la manière et le style que se révèlent les différences : il y a une tendance paternelle à exciter l'enfant, à solliciter son attention et sa vitalité alors que la mère intervient davantage pour contenir, apaiser.

En situation de jeu, la différence est encore accentuée. La femme fait preuve d'une approche pédagogique, elle conforte, soutient, encourage. L'homme est plus ludique, imprévisible, il taquine, provoque, déstabilise. Pour un jeu mobilisant une activité motrice élémentaire – mettre une balle dans un récipient –, la mère montrera à l'enfant le bon geste à faire, elle le commentera, donnera des explications. Le père, lui, après avoir indiqué la consigne à effectuer, s'amusera à perturber le jeu, bloquera le récipient avec ses mains, le cachera derrière son dos au dernier moment. Ce que sa compagne juge alors comme de la maladresse, une inadaptation aux besoins enfantins, une gaminerie source d'« énervement » est en réalité une vraie qualité, spécifiquement paternelle. Car le métier du père, note le pédopsychiatre Aldo Naouri, « consiste à éveiller le bébé, à le déconcerter pour l'obliger à réfléchir ». Le père est un stimulateur, et particulièrement quand il joue avec l'enfant. Il lui lance des défis, l'invite à affronter des situations inédites et des obstacles inconnus, à inventer des solutions pour les surmonter.

CHOI JAE-KU

CORÉE DU SUD

Supporters captivés, père et fils assistent au match de la Coupe du monde 2002 opposant leur pays, la Corée du Sud, à l'Italie. Un père initie souvent son fils à des jeux classiquement dits « de garçons », comme ici le football. Ce type d'activités entre « hommes » contribue à élaborer et à renforcer l'identité masculine de l'enfant, et à travers l'image de ce père qu'il admire, sa fierté d'être un garçon. Ces moments privilégiés, où tous deux partagent des émotions et une passion commune, sont autant d'occasions de créer et conforter des liens particuliers entre père et fils.

Andy Maluche

PHILIPPINES

Les jeux entre un père et son enfant sont aussi l'occasion de rappeler les limites à ne pas franchir : l'enfant peut taquiner le père et vice versa, mais dans le respect des règles et de l'adversaire. Ainsi, avant de se saisir du tuyau d'arrosage, dans le jardin de leur maison de Quezon City, ce petit garçon en a demandé l'autorisation à son père. Tous deux partagent leur toit avec d'autres membres de la famille étendue, dont l'un d'eux, artiste, venait d'achever une séance de peinture sur corps et lavait l'un des modèles féminins à grandes eaux. De retour de l'école, l'enfant ne put résister à l'envie de se joindre au jeu, et, très vite, père et fils se mirent à faire les fous ensemble.

Fort de sa présence dynamisante, le père engage vite le jeu sur un registre plus physique. Il chatouille sa progéniture, l'empoigne, la bouscule, chahute avec elle, la fait tourner dans les airs, sauter sur ses genoux... Le « jeu de dada » conduit par le père a, dans notre culture, une longue histoire. C'est lui que les artistes privilégièrent pour figurer les joies de la paternité : quand Ingres peint en 1817 un tableau d'histoire sur la réception de l'ambassadeur d'Espagne par le roi de France Henri IV, il représente les enfants de celui-ci familièrement postés à califourchon sur leur auguste père ; dans plusieurs de ses nouvelles, Guy de Maupassant décrit des scènes familiales plus bourgeoises où le père s'amuse à jouer avec son fils et le fait « danser pendant des heures, à cheval sur une jambe ». Se souvenant d'une scène de la petite enfance où intervient la figure très paternelle de son oncle, Marcel Pagnol retrouve la vivacité de ses premières sensations : « Je vois un plafond qui tombe sur moi à vitesse vertigineuse, pendant que ma mère, horrifiée, crie : *Henri, tu es idiot ! Henri, je te défends...* C'est que mon oncle Henri, le frère de ma mère, me lance en l'air, et me rattrape au vol. Je hurle d'angoisse, mais quand ma mère m'a repris dans ses bras, je crie : *Encore ! encore !* »

Meyer

FRANCE

Lino et son papa partagent un moment de tendresse et de jeu, allongés sur le lit parental, dans leur appartement de Montreuil-sous-Bois. Des études ont révélé que le contact physique avec le père, par ses chatouilles et ses taquineries, prépare le tout-petit à affronter le monde extérieur. La mère apporte, quant à elle, une autre forme d'épanouissement par une approche plus douce. Les « nouveaux pères » se montrent plus disposés à ce genre de comportements que les générations précédentes.

Justin Guariglia

INDONÉSIE

Après quelques parties de football sur le sable d'une plage de Bali, un père et ses enfants rentrent à leur hôtel à la tombée de la nuit.

Vacances et week-ends permettent aux papas, parfois trop accaparés par leur travail, de retrouver leurs enfants autour de jeux et d'activités diverses. Ces instants resserrent les liens familiaux.

STÉPHANIE TÉTU

FRANCE

Père et fille à la plage, dans le Finistère Sud, en Bretagne. Les lieux de vacances et de promenade constituent de fabuleuses aires de jeux, remplies de nouvelles pistes à explorer. Même si le père ne participe pas directement aux jeux de l'enfant, sa présence peut avoir un effet sécurisant.

Bruno de Hogues

FRANCE

Partie de cache-cache dans le jardin du Luxembourg, à Paris. Une enquête réalisée par le CNRS et l'université de Paris-I a montré que, dans un couple, les hommes*

s'impliquent davantage dans les activités de sociabilité (jeux, activités à l'extérieur...), tandis que les tâches parentales domestiques comme la toilette et les repas incombent traditionnellement aux femmes. Celles-ci seraient par ailleurs deux fois plus présentes que les pères auprès de leurs enfants (25 h 37 contre 12 h 41 par semaine). Cet effet de genre disparaît cependant dans un contexte monoparental, où le chef de famille, qu'il soit un homme ou une femme, leur consacre autant de temps.

* *« Temps de travail, temps parental - La charge parentale : un travail à mi-temps », M.-A. Barrère-Maurisson, S. Rivier, O. Marchand, Premières Synthèses, Dares, nº 20.1, mai 2000.*

Walter Schmitz

CAMEROUN

Par le biais d'activités sportives comme le football, souvent le domaine de prédilection des père confronte ses fils à sa force physique et leur fournit un modèle à égaler. En encourageant ses enfants, un papa participe à consolider leur estime de soi et

PAGES PRÉCÉDENTES :

BRUNO MORANDI

PAKISTAN

Un dimanche à Lahore, cet homme pakistanais, chauffeur professionnel, a mené son fils à son travail afin de passer un peu de temps avec lui. En attendant l'un de ses clients, tous deux s'amusent sur un manège rudimentaire, près de la mosquée Wazir Khan. Dans ce pays musulman, la famille repose sur un système patriarcal, où l'homme, dépositaire de l'autorité, entretient souvent des relations privilégiées avec son fils. Selon les préceptes islamiques, les parents doivent cependant se montrer équitables envers leurs enfants. Un père est censé veiller à leur éducation intellectuelle, physique et spirituelle, tout en leur apportant amour et tendresse.

Yann Layma

CHINE

Un père veille sur son petit « trésor », dans un parc de Pékin, en Chine, devenue le royaume de l'enfant-roi. Mise en place dans le pays à la fin des années 1970 pour juguler une démographie galopante, la politique de l'enfant unique a engendré des parents souvent trop permissifs, cédant au moindre caprice de leur petit et le couvrant de jouets en tout genre. En découle une génération d'enfants gâtés, à tendance parfois égocentrique, mal adaptés à la vie en collectivité. Parallèlement, les jeunes subissent la pression de parents qui placent en eux tous leurs espoirs.

Le mode d'être et d'agir du père, qui a toujours tendance à anticiper sur le développement et donc à le susciter, répond au besoin que l'enfant a d'être stimulé, de prendre des initiatives, d'apprivoiser la peur et le risque, de s'aventurer dans le monde. En partant d'observations sur des bébés nageurs, âgés d'un an, fréquentant avec leurs parents une piscine collective de Toulouse (Association des bébés-dauphins), le psychologue français Jean Le Camus a montré, il y a une dizaine d'années, que le comportement paternel au cours du jeu aquatique incite le jeune enfant, installé par la présence parentale dans un contexte sécurisant, à multiplier les attitudes d'exploration de l'environnement. Bref, le père favorise à travers le jeu l'autonomie, l'audace et le sens du dépassement de soi.

Dès que l'enfant atteint la deuxième année, les actions ludiques les plus couramment initiées par le père sont les jeux de lutte et d'opposition physique. Cela dure jusqu'à ce que l'enfant atteigne l'adolescence, avec un moment plus privilégié autour de huit-dix ans. Et cela concerne – tradition culturelle oblige – plutôt les garçons que les filles. Ce type d'activités recèle de grandes vertus pédagogiques. Il participe, à travers l'expérience de la confrontation, à l'éducation du comportement individuel et social. Il permet à la fois d'exprimer sans les réprimer les pulsions agressives, plus fréquentes chez les garçons, et de les discipliner en apprenant à les contenir, les réguler, les moduler. Il prépare aux jeux sportifs que l'enfant va pratiquer dès son entrée à l'école, et le familiarise avec un certain nombre de normes collectives : respect de la règle du jeu, respect de celui qui a pour mission de l'appliquer, respect de l'adversaire, dans le but de développer esprit d'équipe et sens de la solidarité. Ici, le jeu favorise chez l'enfant une double affirmation de soi, dans la famille et dans le groupe social. Et, comme pour les compétences linguistiques, le père intervient pour faire le « pont » entre le cocon familial et le monde extérieur.

Fouad Elkoury

LIBAN

« L'important entre deux êtres qui s'aiment est de créer un lien, quel que soit celui-ci », note Fouad Elkoury (à droite sur l'image). Pour son fils et lui, très complices, c'était partager leurs « obsessions respectives » : les jeux de guerre pour le premier, la photographie pour le second. « Mon fils avait l'habitude, comme beaucoup de garçons de son âge, de jouer à la guerre, de se cacher derrière un mur de la maison avec une arme en plastique et se retourner pour essayer de capturer un illusoire ennemi, tout en mimant avec sa bouche le bruit d'une arme, pistolet ou mitrailleuse. Je regardais ces jeux sans y participer, mais sans les interdire, me demandant si j'avais moi-même eu les mêmes comportements quand j'étais enfant. » Cette curiosité mutuelle prend toute sa dimension dans le cadre du jeu.

Dans des circonstances dramatiques, quand le cadre familial n'a pu proposer une structure solide, c'est grâce à la pédagogie du geste physique et sportif que les éducateurs, relais des pères absents, font renouer les enfants avec le jeu social, la loi et l'estime de soi. Ainsi, au Brésil, dans les favelas de Rio de Janeiro, des champions de haut niveau se sont engagés ces dernières années auprès de jeunes garçons en situation de prédélinquance. La pratique d'activités aussi diverses que le skate-board, les sports de glisse, la natation, le judo, la boxe ou certains arts martiaux leur apprend à discipliner leur corps, à en respecter les limites, à se soumettre à des règles collectives, à accorder une place à autrui avec qui le jeu permet de coopérer ou de rivaliser. La personnalité paternelle est déterminante. À travers le jeu de lutte qui met en position de rivalité, l'adulte doit veiller à laisser régulièrement l'enfant « prendre le dessus ». Sans ce compagnonnage bienveillant, cette possible réciprocité des rôles, la situation est vécue comme déplaisante, contraignante, et rapidement l'enfant cessera de jouer. S'il est vraiment bon joueur, insiste le psychologue canadien Daniel Paquette, le père, adversaire et arbitre, saura contrôler et ajuster le déroulement du jeu à la sensibilité de son jeune partenaire. Une des conséquences positives : une plus grande capacité à se faire obéir, notamment des garçons, et le bénéfice d'une autorité naturelle.

GORDON WILTSIE

MONGOLIE

Un père joue à la lutte avec son fils, à l'abri sous leur ger, la traditionnelle tente ronde en feutre de Mongolie. Chaque automne, la famille quitte la vallée du Darhad avec ses bêtes pour rejoindre de plus verts pâturages, près du lac Hovsgol. Dans la rudesse de cette vie nomade bien remplie, les parents tentent malgré tout de préserver quelques moments de jeu et d'intimité avec leurs enfants, dont hommes et femmes s'occupent équitablement. Les pères enseignent aux fils les affaires typiquement masculines, comme la lutte mongole, l'un des trois « sports virils » du pays, l'équitation, la garde de troupeaux, la coupe du bois, la fabrication du feutre...

Comme une manière de prolonger cette complicité chaleureuse, de transporter son rituel depuis le cercle intime vers le stade sportif, il faut évoquer ici l'expérience belle et singulière proposée depuis 2003 par une association basée à Versailles. Elle organise chaque samedi, sur un terrain en bordure de la pièce d'eau des Suisses, des séances de rugby qui rassemblent pères (une vingtaine) et fils (une petite cinquantaine) : le renforcement du lien familial se combine avec l'éducation par la pratique sportive. *A contrario,* l'homme distant, de profil autoritaire, pratique très rarement les jeux physiques. Et s'il obtient l'obéissance par la coercition et la punition, il se prive du plaisir d'être avec l'enfant et de partager avec lui ce temps de loisir et de transmission. Il s'enferme dans le costume de l'adulte incapable de s'identifier au gamin qui lui fait face et de bien le comprendre. Un modèle rigide, guère plus enviable que celui du père « accapareur » offrant un train électrique pour en jouer lui-même, ou que cet autre modèle (méditerranéen ? patriarcal ?) de père « infaillible », incapable de « perdre dans la bagarre » sous peine de déchoir aux yeux de sa progéniture – question d'honneur !

Grâce aux gestes que les jeux de lutte mobilisent, aux ressorts psychologiques qui les sous-tendent, l'enfant est préparé à maîtriser les règles organisant les rapports dans la société adulte. Développer l'habilité au combat physique ou sportif est une qualité indispensable dans certains groupes humains. La vie collective des Nouba, établis dans une région de collines du centre du Soudan, est structurée par des combats masculins rituels, pratiqués avec le bâton. Les rencontres rythment le calendrier, elles opposent les individus d'une même classe d'âge, les adolescents par exemple, et donnent lieu à de grands tournois à l'intérieur d'une même tribu ou entre les différentes tribus.

Yoshikazu Tsuno

JAPON

Une petite fille japonaise et son père s'amusent dans un parc d'attractions de Tokyo. Une chance, car la plupart des papas japonais sont relativement peu disponibles pour leurs enfants. Le ministère de la Santé et du Travail a diffusé, en 1999, une campagne nationale visant à promouvoir un plus grand investissement des pères, dont les affiches et spots télévisés clamaient : « Un homme qui ne participe pas à élever ses enfants ne peut prétendre au titre de père. » Les hommes ont répondu que, étant bien souvent encore le pilier financier du foyer, le travail restait leur priorité, même si 40 % d'entre eux disent regretter de ne pouvoir passer plus de temps avec leurs enfants. D'après une enquête menée en 2001 par le ministère des Affaires intérieures auprès de parents d'un enfant de moins de 6 ans, tous deux actifs, un père japonais passe en moyenne vingt-cinq minutes par jour, en semaine, à s'occuper de son petit, contre 2 h 43 pour la maman (auxquelles s'ajoutent 2 h 30 de préparation des repas). Il se « rattrape » cependant le dimanche, en lui consacrant 1 h 12.

FRONT

Roland et Sabrina Michaud

MONGOLIE

Dans leur maison faite de bois et d'adobe, au cœur de l'Altaï mongol, un père kazakh et son fils jouent aux échecs. Ce jeu, réputé aider à développer l'intelligence et la concentration, est devenu très populaire au sein de leur peuple. Dans cette communauté de fauconniers, une relation privilégiée unit les pères à leurs fils : ce sont eux qui leur enseignent la chasse à l'aigle traditionnelle, pratiquée par les Kazakhs depuis plusieurs siècles, leur transmettant ainsi un savoir-faire unique.

Outre la capacité spécifiquement physique, les jeux de lutte développent ce que Daniel Paquette appellent des « habiletés à la compétition » : des « attitudes psychologiques qui nous permettent de nous défendre, de faire face à l'adversité et aux menaces de l'environnement » et « une confiance en soi qui nous permet de nous confronter aux autres lorsque c'est nécessaire pour faire valoir nos droits ». Ce type de compétences est très valorisé dans nos sociétés industrialisées où l'affirmation de soi, l'indépendance, la concurrence entre individus, gouvernent une part importante de la vie collective. En s'intéressant, dans les années 1990, à travers le prisme du jeu de lutte et de l'esprit de compétition, à d'autres cultures comme celles des Pygmées Aka d'Afrique centrale ou des Amérindiens, des chercheurs ont relevé deux éléments : la faible fréquence, voire l'absence, de jeux physiques entre parents et enfants ; d'autre part, des pratiques ludiques équivalentes du père et de la mère face à l'enfant. Une corrélation a été établie entre ces observations et le fait que ces cultures traditionnelles privilégient non pas la compétition mais le partage et la coopération. C'est sans doute la preuve que l'approche du jeu est déterminée par l'environnement et que la pratique d'un jeu de lutte ne procède pas nécessairement d'un instinct biologique : lorsqu'un père occidental très tôt, très régulièrement, s'engage dans des jeux d'opposition physique, il suit spontanément un comportement adapté. Comme un entraîneur ou un coach, il prépare l'enfant à se conformer aux règles usuelles de la société où il a grandi et appris à vivre. Il ne fait simplement qu'organiser la survie de sa progéniture.

JOHN LAUNOIS

ÉTATS-UNIS

Dans leur maison de Pennsylvanie, en 1966, un père mennonite tient en équilibre dans sa main sa petite fille, vêtue et coiffée à la façon traditionnelle. Au cours du XXe siècle, le mode de vie des Mennonites d'Amérique du Nord, communauté anabaptiste proche des Amish, a subi de profondes mutations. Autrefois, les hommes allaient aux champs tandis que les femmes s'occupaient de la maison et des enfants. Abandonnant peu à peu leur vie agraire, ils ont progressivement rejoint les villes, intégré tous les corps de métiers, et adopté la culture américaine dominante. Les femmes entrant dans la vie active, le nombre d'enfants par famille s'est rapproché de la moyenne nationale, et les rôles respectifs des hommes et des femmes ont évolué. Désormais, pères et mères se partagent équitablement l'éducation des enfants.

MIAN KURSHEED

PAKISTAN

Manaal, une Pakistanaise de 3 ans, serre la photo d'un père qu'elle n'a jamais connu, Majid Khan, emprisonné sur la base américaine de Guantánamo (Cuba). La scène se passe lors d'une manifestation organisée à Islamabad (Pakistan) par l'ONG « Défense des droits de l'homme », le 22 septembre 2006. Soupçonné de lien avec al-Qaida, Majid a été arrêté à Karachi par les services de sécurité pakistanais en 2003. Il fut ensuite emmené vers un lieu secret sous le contrôle de la CIA, puis transféré en septembre 2006 à Cuba. Aucun procès n'est prévu. Comment un enfant peut-il garder le souvenir d'un père inconnu ? Les photos que lui tendent ses proches maintiendront quelques années le spectre d'un papa rêvé. De son côté, le père fixera son enfant dans une forme idéale : un bébé parfait qui ne deviendra jamais adulte, et auquel il ne transmettra qu'un nom.

ABSENCE DU PÈRE

Qu'advient-il quand le père est absent, qu'il fait défaut ? Même si c'est à la fin du XIXe siècle qu'émerge le motif de la « carence paternelle », relayé un siècle plus tard par celui de la « déroute des pères », les scénarios autour du thème du « père qui manque » se répètent d'une société à l'autre, d'une génération à celle qui la suit. Dans certains vieux blues de la Nouvelle-Orléans, une voix féminine pleure l'éloignement du compagnon, comme en écho aux réalités sociales de la communauté afro-américaine de la Louisiane où, souvent, la mère assume toutes les charges familiales, soutenue par l'aide sociale publique et la charité des dons privés. Plus près de nous, un artiste populaire chante les mérites d'une mère ayant « fait un bébé toute seule ». Entre ces deux expressions musicales, ces deux époques, ces deux continents, il y a un trait commun, une inquiétude affichée ou masquée : le père n'est plus à sa place, il a déserté le foyer. Retrait volontaire, fuite, incapacité d'endosser ses fonctions paternelles. Ou départ forcé pour la prison, le théâtre de la guerre, l'exil, ou pour un hypothétique travail dans la grande ville ou à l'étranger.

Parfois l'absence est définitive, et la mort accomplit un travail de destruction qui va au-delà de la disparition d'un seul être. Une image peut résumer l'état de l'immédiat après-guerre, dans la France de 1919 privée de près d'un million quatre cent mille hommes, pères pour la plupart : un paysage saigné, blême où errent, en quête d'un nom sur une tombe, trois femmes, la veuve et ses deux belles-sœurs, suivies d'un petit orphelin – saisissante ouverture de la fresque romanesque *L'Acacia* de l'écrivain français, prix Nobel de littérature, Claude Simon. Un siècle plus tard, dans l'Irak d'aujourd'hui livré aux violences intercommunautaires, l'insécurité générale se double d'une décomposition des structures familiales : pour la seule capitale, Bagdad, un sociologue avance un chiffre de plusieurs centaines de veuves et orphelins chaque jour, et, sur l'ensemble de la population, on estime que le nombre d'enfants sans père vivant sous la protection de mères sans ressources, exposés à la malnutrition, à la maladie, aux violences de la rue et à la délinquance dépasse les cinq millions.

Jean-Luc Manaud

MAURITANIE

À Ouadane, une cité perdue dans le désert mauritanien, Mustapha Ould Ketab, 42 ans, veille sur son père endormi, Abdou Ould, l'imam nonagénaire de la mosquée. Dans cette famille issue d'une tribu guerrière ancestrale, les jeunes ont la responsabilité d'assister leurs parents vieillissants. Il faut être présent aux côtés des anciens jusqu'à leur dernier souffle, écouter leurs paroles jusqu'au seuil de la mort. Car dans la plupart des sociétés africaines, la disparition d'un père représente une perte de savoir irréversible. « En Afrique, quand un vieillard meurt, c'est une bibliothèque qui brûle », disait l'écrivain malien Amadou Hampaté Bâ. Pour pallier l'absence, des récits embellis entretiendront la mémoire du respecté chef de famille lors des veillées nocturnes.

Beawiharta

INDONÉSIE

Condamné pour le vol de téléphones portables, un détenu embrasse son fils d'un an entre les barreaux froids de son impersonnelle cellule collective de Jakarta, où il attend d'être jugé. Il écopera finalement de six mois de prison ferme. Malgré l'absence d'espace spécifiquement dédié à la rencontre, le contact avec sa famille est primordial pour un père prisonnier.

Plusieurs études scientifiques montrent que les détenus ayant maintenu leurs liens familiaux sont moins récidivistes et rencontrent moins de problèmes de discipline dans le milieu carcéral.

PAGES PRÉCÉDENTES :

Stephen Shaver

CHINE

Anesthésié par la morsure du froid, l'esprit de ce migrant chinois qui mendie près d'un parc de Pékin flotte dans les limbes : il est absent. Dans un geste de générosité pure, son jeune garçon lui offre un biscuit. Tous deux font partie de la masse des « mingong » (« travailleurs migrants »), des paysans chassés de leurs campagnes par la pauvreté et qui participent à la croissance phénoménale du géant asiatique (plus de 10 % du PIB). Le geste simple, mais salvateur, du fils envers son père est comme l'écho des responsabilités de ce dernier : il doit protéger les siens, les éduquer, les réconforter... Être présent, tout simplement. Par ailleurs, les pères déracinés considèrent souvent leurs enfants comme les seuls liens qui les rattachent à leur famille restée au pays.

RON SACHS

JAPON

Une petite fille américaine accueille son père qui vient d'atterrir sur la base aéronavale d'Atsugi, près de Tokyo. Il revient d'une mission d'appui à l'opération « Iraqi Freedom », l'offensive éclair menée en Irak par les États-Unis du 19 mars au 1er mai 2003. Après ces retrouvailles chaleureuses, la vie de famille reprendra très laborieusement. Les épouses de militaires américains de retour d'Irak évoquent les souffrances de leur homme : atteints de stress post-traumatique, les soldats sont colériques, renfermés et sursautent au moindre bruit. Dans les fêtes de famille, ils se tiennent à l'écart et effraient leurs propres enfants. Ces « papas guerriers » se sentent également coupables de ne plus pouvoir assumer pleinement leur rôle de chef de famille.

Patrick Zachmann

ARGENTINE

Au pied des cafés branchés du quartier de La Recoleta, à Buenos Aires, une mère et ses filles mendient, harassées. Cette situation insupportable est la conséquence de l'effondrement de l'économie argentine en décembre 2001. Des émeutes éclatèrent, la dette extérieure dépassa les 155 milliards de dollars, le peuple dénonça la corruption des dirigeants. Parallèlement, les foyers se disloquèrent alors même qu'une famille unie est la meilleure armure en situation de crise. Devenues « mères à tout faire » à cause de la défection des hommes, certaines femmes se battent quotidiennement pour trouver les quelque 450 pesos en moyenne (environ 130 euros) nécessaires au paiement de leur loyer. Faute de quoi elles dorment dans la rue.

Claudine Doury

FRANCE

À Paris, un père divorcé glisse quelques mots tendres à sa petite fille après un week-end passé ensemble, tandis que la mère a le regard tendu vers la route du retour. Le sourire radieux de la fillette montre bien que, dans les pays développés, le divorce s'est socialement banalisé. L'éventualité d'une séparation est désormais inscrite au cœur de chaque union, et l'on pense avant tout à l'intérêt des enfants dans l'après-rupture. Il est donc de moins en moins question de priver un père de sa fille. On comptait en France 37,6 divorces pour 100 mariages en 2001. Enfin, à côté de la famille nucléaire classique sont apparues les familles monoparentales, recomposées, homoparentales...

Moins tragique, le sort de l'homme adulte après un divorce ou une séparation : un intermittent de la paternité, un « papa du dimanche » tâchant de maintenir le lien avec les siens durant le temps qu'on lui octroie : un week-end sur deux, la moitié des vacances. Les familles monoparentales des sociétés développées contemporaines sont en effet majoritairement dirigées par les mères : aux États-Unis, un enfant sur cinq vit dans une famille sans père ; et en France, c'est aussi le cas pour un peu moins de deux millions d'enfants. Sans compter les situations d'absence moins lisibles : quand le père est là mais désinvesti, ne répondant pas aux besoins d'affection et d'attachement de l'enfant, ou qu'il exerce une présence néfaste par un comportement violent, chaotique, déstabilisateur. Dans tous ces cas, l'absence de père ou son défaut de présence fragilisent l'enfant, ce qui se traduit par une plus grande fréquence des problèmes d'adaptation sociale, en particulier chez les garçons.

Mais l'être est plein de ressources, dans sa capacité à rebondir et avancer. Quand un père a disparu, il reste présent dans la mémoire, l'affection, les paroles de ceux qui l'ont aimé, côtoyé. Leur témoignage réveille le souvenir du vivant, et si la figure paternelle est physiquement absente, elle n'est pas vide, l'enfant peut l'investir. Il y a bien sûr les cas de « père sans nom » ou de « père gommé » par la volonté de la mère. Les enfants nés sous X vivent ces situations insupportables, ces démarches impossibles pour tenter de connaître leur origine. Savoir de quel désir, de quelle rencontre on est le fruit crée une dynamique nécessaire qui, si elle n'est pas toujours enthousiasmante, est toujours constructive. Aujourd'hui, en France, un enfant abandonné peut, quand il atteint l'âge de la majorité légale, consulter son dossier d'abandon ; mais la loi n'oblige pas la mère d'un enfant naturel à lui révéler le nom de son père, quand elle le connaît.

NICOLAS TAVERNIER

FRANCE

Se sentir père, c'est aussi se battre pour ne pas être séparé de ses enfants après une rupture. Celui-ci participe à une manifestation de l'association SOS Papa dans les rues de Paris. Il réclame des sanctions sévères contre les entraves à la résidence alternée après un divorce, comme la non-présentation d'un enfant par sa mère. C'est la loi du 4 mars 2002 qui a formalisé en France la garde alternée. Elle permet aux enfants de vivre une semaine chez leur mère et l'autre chez leur père. L'homme n'est plus mis hors-jeu et évite la souffrance terrible de ne pas voir grandir ceux qu'il aime. De leur côté, les enfants s'adaptent bien à ce mode de garde, même si le vendredi devient souvent « le jour des valises » à boucler pour passer d'un domicile à l'autre.

SOS
PAPA

Goran Tomasevic

CISJORDANIE

Un Palestinien qui vient d'être libéré d'une prison israélienne serre son fils à travers la fenêtre ouverte d'un bus, à un point de passage près de Tulkarem, en Cisjordanie. Ce père heureux fait partie d'un contingent de 500 détenus palestiniens libérés le 21 février 2005 par Israël, conformément à un accord signé en Égypte, à Charm el-Cheikh. Depuis ce geste de bonne volonté, la situation en Cisjordanie s'est envenimée. Le nombre de personnes vivant dans la pauvreté a augmenté de 30 %, et les violences partisanes frappent les rues dans des proportions jamais atteintes jusqu'ici, selon l'ONG internationale « Oxfam ». Les parents défaillants, au chômage ou trimant pour des salaires de misère, ne sont guère capables d'offrir le minimum vital à leurs enfants. L'image du père acteur de la société est piétinée, ce qui aura des conséquences morales néfastes sur les générations futures : le refus de l'autorité et le sentiment d'injustice alimenteront un ardent désir de vengeance.

Reza

IRAN

À Oshnovieh, dans le Kurdistan iranien, en 1980, un enfant lit le dernier message que son père, mort en combattant pour l'indépendance de son peuple, a laissé à sa famille : « Je sacrifie mon âme, mes biens et ma vie pour toi, ma patrie. » Ce moment de recueillement sur la pierre tombale a valeur de retrouvailles symboliques entre un fils et son père défunt. Grâce à la photo de son père, figé à jamais sous les traits d'un jeune homme, l'enfant gardera avec cet absent un lien mystérieux. Néanmoins, il devra bâtir lui-même sa morale et sa philosophie de vie, et trouver chez d'autres personnes (oncles, instituteurs, voisins) un regard paternel. Se construire tout seul en somme.

الله

L'inventivité humaine se révèle universelle pour ce qui est de proposer des figures de substitution. Ces pères-relais appartiennent souvent à l'entourage proche : un oncle maternel dans nombre de sociétés traditionnelles ; un grand fils, comme chez les Hmong de Chine où la mort du père, pilier de la maisonnée, organisateur de l'éducation des enfants, est un événement terrible et reporte sur l'aîné de la fratrie une charge très lourde. Il y a aussi toute la gamme des pères spirituels. On les appelle parfois mentors, en référence à un personnage de la mythologie grecque, homme de sagesse et d'expérience, qui servit de guide à Télémaque, le fils d'Ulysse, son ami absent. On les appelle aussi parrains – belle invention des débuts de la chrétienté européenne (l'apparition de la marraine est beaucoup plus tardive) : ils sont présents à la seconde naissance du bébé, le baptême, c'est-à-dire la naissance spirituelle ; et jadis ils choisissaient le prénom, le saint patron sous l'égide duquel la vie de l'enfant serait placée. On les appelle simplement beaux-pères quand, nouveaux compagnons de la mère, ils acceptent le rôle de « père de plus » en manifestant une présence affectueuse et éducative.

Jean-Baptiste Rabouan

INDE

Dans certains pays, les pères se séparent de leurs enfants quand ils atteignent une dizaine d'années. C'est le cas de Tondup, un jeune Ladakhi qui vit au cœur de l'Himalaya. Comme la plupart des fils cadets de sa région, il vient d'être envoyé au monastère bouddhique pour devenir lama. Son père l'a accompagné dans un périple de trois jours au terme duquel, dans un geste très symbolique, il a remis Tondup entre les mains du lama Nawang (à droite sur la photo). L'homme sera son maître spirituel pour le reste de sa vie. Ce nouveau référant masculin adoucira la souffrance de la séparation avec sa première famille, et permettra à l'enfant de se construire sereinement. Pour le moment, le vieux moine a rasé le crâne de son disciple en prenant soin de laisser une mèche symbolique qui sera coupée au cours de la cérémonie d'intronisation.

Comment pallier le manque, rétablir les repères que l'absence tend à effacer ? Deux expériences, dissemblables, l'une individuelle, l'autre collective, ouvrent des pistes. Fille d'un célèbre psychanalyste français du XXe siècle, Sibylle Lacan a écrit un récit autobiographique sur les absences quasi constantes de son père dans sa vie d'enfant puis de femme. Le travail du souvenir qui rassemble, comme un puzzle, des fragments, quelques images fortes sur fond d'oubli, suit une trajectoire discrète jusqu'à la rencontre ultime. Venue se recueillir sur sa tombe, la fille retrouve un père, des années après sa disparition : « Je collai ma main sur la pierre glacée, jusqu'à la brûlure. (Si souvent, dans le passé nous nous étions tenu la main.) Rapprochement des corps, rapprochement des âmes. La magie opéra. Enfin j'étais avec lui. » Il aura fallu se libérer du sentiment de rejet pour accéder à une proximité, à une communion spirituelles, affirmées paisiblement. L'autre expérience nous entraîne au sud de l'Inde, dans la ville de Madras où des dizaines de milliers d'enfants et d'adolescents, en rupture de famille, survivent dans les rues grâce à toutes sortes de petits boulots, notamment le ramassage des papiers. Pour eux, des prêtres ont fondé une structure d'accueil, le *Anbu Illam* (« Maison d'amour » en tamoul), non pour les arracher à leur mode de vie mais pour les accompagner, renforcer entre les jeunes la solidarité et valoriser leur image aux yeux du reste de la société. Affection, protection, encouragement à l'autonomie et à l'intégration sociale : un programme en rien paternaliste, mais idéalement paternel.

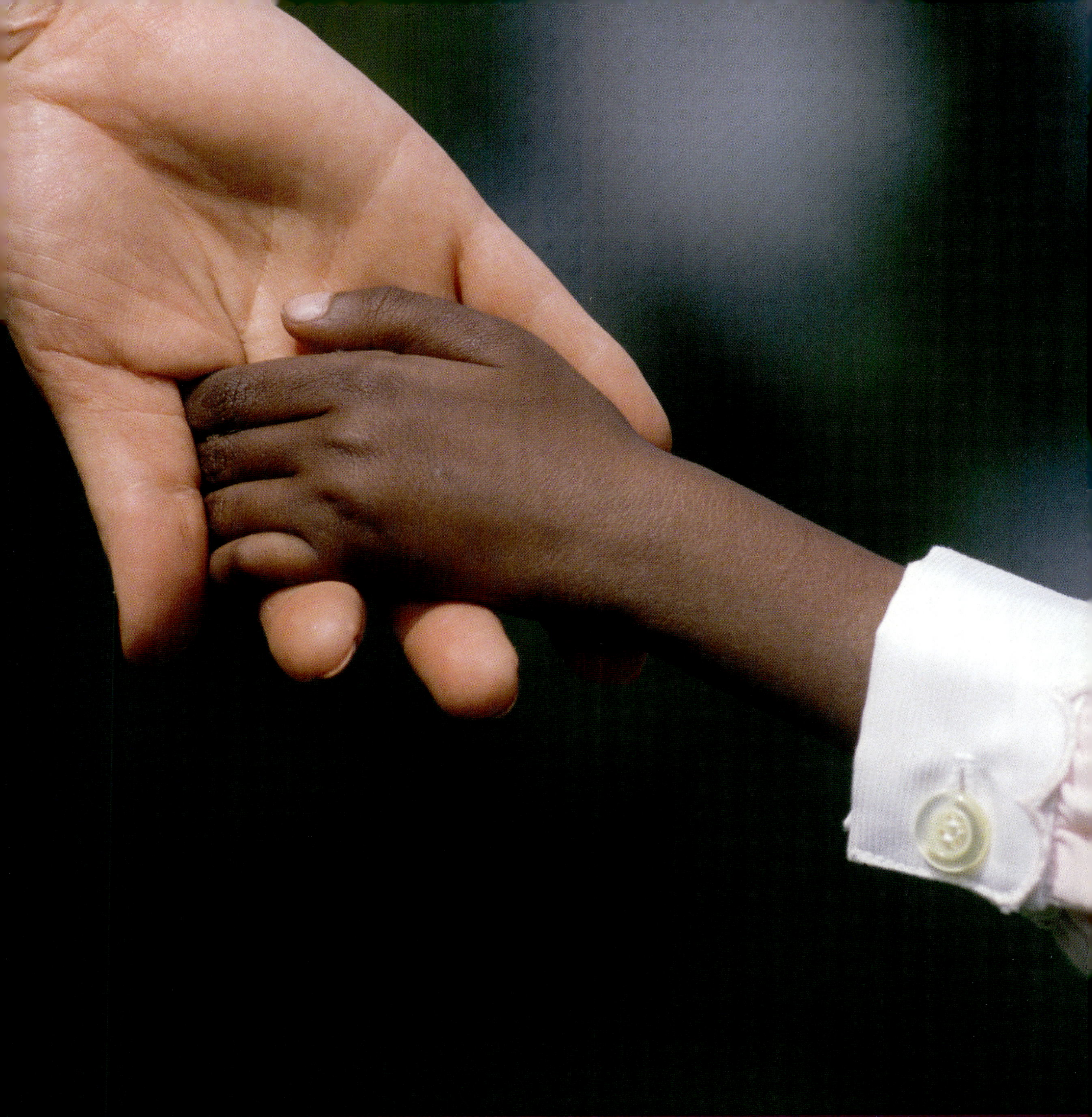

PASCAL DELOCHE

CONGO-BRAZZAVILLE

Dans un orphelinat d'Afrique, un homme originaire de la région parisienne adopte un enfant. Ce nouveau père fera bien plus que combler le vide laissé par le « père d'origine ». En le sortant de l'orphelinat, en lui donnant une filiation, des droits et un avenir il le met une seconde fois au monde. Il devra aussi effacer les mauvais souvenirs de l'enfant (abandon, guerre, décès des parents). En général, un père adoptant se sent l'égal de sa compagne, puisque, comme lui, elle n'a pas porté le bébé et ne l'a pas allaité. Au lieu d'être le spectateur effacé d'une grossesse, il a mûri pendant des années sa réflexion sur la paternité et s'est laissé construire par son désir d'enfant au cours de la très longue procédure administrative d'adoption. En 2006, près de 3 977 enfants ont été adoptés en France contre 935 en 1980, selon le ministère des Affaires étrangères.

Roland et Sabrina Michaud

MONGOLIE

En Mongolie, le pays de Gengis Khan et des fiers chasseurs d'aigles kazakhs, un joyeux insolent désarçonne son grand-père par un geste aussi tendre qu'universel : il lui tire la barbichette ! Dans le monde entier, quand le père est absent, mort ou défaillant, le grand-père peut naturellement prendre le relais pour s'occuper de ses petits-enfants et, parfois même, les élever. Il devient alors une figure masculine rassurante et structurante, sans jamais cependant pouvoir remplacer le père disparu.

CRÉDITS

Couverture : EYEDEA/HOA QUI/Véronique Durruty - **4e Couverture :** EYEDEA/HOA QUI/NPL/Patricio Robles-Gil - **p2 :** HEMIS.FR/Paule Seux - **p4 :** HEMIS.FR/Patrick Frilet - **p6 :** AFP/Liu Jin - **p8 :** Sarah Ney - **p10 :** RÉA/ Romain Degoul - **p12 :** EYEDEA/RAPHO/Gilles Leimdorfer - **p13 :** EYEDEA/RAPHO/Gilles Leimdorfer - **p14 :** EYEDEA/RAPHO/ Valérie Winckler - **p16 :** STUDIO X/BILDERBERG/Birgit Betzelt - **p19 :** COSMOS/Lorena Ros - **p21 :** HEMIS.FR/Paule Seux - **p22 :** COSMOS/AURORA/Jean-Michel Clajot - **p24 :** COSMOS/AURORA/Peter Essick - **p26 :** TENDANCE FLOUE/ Gilles Coulon - **p28 :** AFP/Jorge Uzon - **p31 :** NATIONAL GEOGRAPHIC IMAGE COLLECTION/Annie Griffiths Belt - **p32 :** EYEDEA/HOA QUI/NATURE PL/Patricio Robles-Gil - **p35 :** EYEDEA/HOA QUI/Véronique Durruty - **p37 :** MAGNUM PHOTOS/Steve McCurry - **p39 :** ONASIA/Rajat Ghosh - **p40 :** MAGNUM PHOTOS/Steve McCurry - **p43 :** NATIONAL GEOGRAPHIC IMAGE COLLECTION/James L.Stanfield - **p44 :** REUTERS/Thaier Al Sudani - **p46 :** MAGNUM/Martin Parr - **p49 :** REA/LAIF/ Barbara Dombrowski - **p51 :** Philippe Lafond - **p52 :** COSMOS/Mark Henley - **p55 :** AFP/Orlando Sierra - **p56 :** CIRIC/CPP/Alessia Giuliani - **p57 :** AFP/Yuri Cortez - **p59 :** CIRIC INTERNATIONAL/Sean Sprague - **p60 :** GODONG/ Pascal Deloche - **p63 :** © Frédéric Desmesure - **p65 :** NATIONAL GEOGRAPHIC IMAGE COLLECTION/Joel Sartore - **p66 :** J.B. Rabouan/rabouan-images.com - **p69 :** MAGNUM PHOTOS/Thomas Hoepker - **p70 :** NATIONAL GEOGRAPHIC IMAGE COLLECTION/Nicole Duplaix - **p71 :** EYEDEA/HOA QUI/IMAGESTATE/Robert Llewellyn - **p72 :** MAGNUM PHOTOS/ Raymond Depardon - **p75 :** AGENCE VU/Claudine Doury - **p77 :** COSMOS/AURORA/PatitucciPhotos - **p78 :** COSMOS/ Pascal Maître - **p80 :** EYEDEA/HOA QUI/AGE/San Rostro - **p83 :** GODONG/Hanan Isachar - **p85 :** MAGNUM PHOTOS/ Richard Kalvar - **p86 :** Yann Layma - **p88 :** CORBIS/Alison Wright - **p91 :** EYEDEA/HOA QUI/PICTURE PARTNERS - **p92 :** REUTERS/ Arko Datta - **p93 :** REUTERS/Chaïwat Subprasom - **p94 :** EYEDEA/GAMMA/Laurent van der Stockt - **p96 :** SIPA/AP/ Gemunu Amarasinghe - **p98 :** EYEDEA/HOA QUI/AGE/Stuart Pearce - **p100 :** AFP/Goh Chai Hin - **p102 :** EYEDEA/RAPHO/ Julien Chatelin - **p105 :** J.B. Rabouan/rabouan-images.com - **p107 :** AFP/Arar Sabah - **p109 :** AFP/Marwan Naamani - **p110 :** DEADLINE/Sungsu Cho - **p112 :** EYEDEA/RAPHO/Jean Erick Pasquier - **p114 :** RÉA/PANOS PICTURES/ Frédrik Naumann - **p116 :** NATIONAL GEOGRAPHIC IMAGE COLLECTION/Reza - **p118 :** Jacques Graf - **p121 :** STUDIO X/ BILDERBERG/Wirtz - **p122 :** GODONG/Philippe Lissac - **p125 :** MAGNUM PHOTOS/Steve McCurry - **p126 :** MAGNUM PHOTOS/Stuart Franklin - **p128 :** MAGNUM PHOTOS/Miguel Rio Branco - **p129 :** J.B. Rabouan/rabouan-images.com - **p131 :** Philippe Lafond - **p132 :** EYEDEA/HOA QUI/Xavier Zimbardo - **p134 :** MAGNUM PHOTOS/Stuart Franklin - **p136 :** AGENCE VU/Denis Dailleux - **p138 :** VII ARCHIVE/John Stanmeyer - **p141 :** AFP/Narinder Nanu - **p143 :** EYEDEA/ RAPHO/Roland et Sabrina Michaud - **p144 :** REUTERS/Aly Song - **p147 :** AFP/Choi Jae-Ku - **p148 :** ONASIA/Andy Maluche - **p151 :** TENDANCE FLOUE/Meyer - **p152 :** NATIONAL GEOGRAPHIC IMAGE COLLECTION/Justin Guariglia - **p153 :** EYEDEA/ RAPHO/Stéphanie Tetu - **p154 :** EYEDEA/GAMMA/Bruno de Hogues - **p156 :** STUDIO X/BILDERBERG/Walter Schmitz - **p158 :** Bruno Morandi - **p161 :** Yann Layma - **p163 :** Fouad Elkoury - **p165 :** NATIONAL GEOGRAPHIC IMAGE COLLECTION/ Gordon Wiltsie - **p167 :** AFP/Yoshikazu Tsuno - **p168 :** EYEDEA/RAPHO/Roland et Sabrina Michaud - **p171 :** EYEDEA/ RAPHO/John Launois - **p172 :** REUTERS/Mian Kursheed - **p175 :** Jean-Luc Manaud - **p176 :** REUTERS/Beawiharta Beawiharta - **p178 :** AFP/Stephen Shaver - **p181 :** EYEDEA/GAMMA US/Ron Sachs - **p182 :** MAGNUM PHOTOS/Patrick Zachmann - **p184 :** AGENCE VU/Claudine Doury - **p187 :** RÉA/Nicolas Tavernier - **p188 :** REUTERS/Goran Tomasevic - **p190 :** WEBISTAN/Reza - **p193 :** J.B. Rabouan/rabouan-images.com - **p195 :** GODONG/Pascal Deloche - **p197 :** EYEDEA/ RAPHO/Roland et Sabrina Michaud.